GUIDE MANUEL

DES

RECEVEURS PARTICULIERS

DES FINANCES

ET DE TOUS LEURS COMPTABLES SUBORDONNÉS

PAR

Casimir **ROUGET-MARSEILLE**

MEMBRE RÉSIDENT DE LA « SOCIÉTÉ HAVRAISE D'ÉTUDES DIVERSES »

FONDÉ DE POUVOIRS DU RECEVEUR DES FINANCES DU HAVRE

Nouvelle édition complètement remaniée, augmentée et mise à jour

IMPRIMERIE ADMINISTRATIVE BERGER-LEVRAULT ET Cie

PARIS | NANCY
5, RUE DES BEAUX-ARTS | 18, RUE DES GLACIS

1898

Tous droits réservés

GUIDE MANUEL

DES

RECEVEURS PARTICULIERS

DES FINANCES

ET DE TOUS LEURS COMPTABLES SUBORDONNÉS

NANCY. — IMPRIMERIE BERGER-LEVRAULT ET Cie.

GUIDE MANUEL

DES

RECEVEURS PARTICULIERS

DES FINANCES

ET DE TOUS LEURS COMPTABLES SUBORDONNÉS

PAR

Casimir ROUGET-MARSEILLE

MEMBRE RÉSIDENT DE LA « SOCIÉTÉ HAVRAISE D'ÉTUDES DIVERSES »

FONDÉ DE POUVOIRS DU RECEVEUR DES FINANCES DU HAVRE

Nouvelle édition complètement remaniée, augmentée et mise à jour

IMPRIMERIE ADMINISTRATIVE BERGER-LEVRAULT ET Cie

PARIS | NANCY

5, RUE DES BEAUX-ARTS | 18, RUE DES GLACIS

1898

Tous droits réservés

Dédié à mon Chef estimé

MONSIEUR PAUL DROUIN

ANCIEN PRÉFET
RECEVEUR DES FINANCES DU HAVRE

qui s'est toujours montré si bienveillant à mon égard
et auquel je voue la plus affectueuse reconnaissance.

CASIMIR ROUGET-MARSEILLE.

Le Havre, 1er mars 1898.

AVERTISSEMENT

Le **Guide manuel des Receveurs des finances** indique les attributions de ces comptables supérieurs et présente le développement des documents qu'ils ont à établir et à fournir périodiquement aux diverses administrations.

Il comprend la nomenclature des pièces qu'ils ont à faire produire par les comptables placés sous leur direction et leur surveillance, et des chapitres spéciaux indiquent tous les documents qui doivent leur être fournis par leurs subordonnés et les principaux chefs de service avec lesquels ils sont en rapport.

La production de chaque état ou situation étant justifiée par la mention des circulaires ministérielles qui se rapportent à leur établissement, il en résulte que, grâce au **Guide manuel**, très complet et sérieusement établi, tout receveur des finances, fût-il complètement étranger à l'administration des finances, peut diriger entièrement son service, surveiller son personnel et se rendre un compte exact et précis du travail de ses bureaux.

Il contient aussi les modèles de tous les articles à passer au Livre-Journal.

Les percepteurs, receveurs municipaux, receveurs spéciaux, etc., trouveront également dans ce **Guide** des indications précieuses et qui leur faciliteront considérablement l'envoi de leur travail au receveur particulier des finances.

Casimir ROUGET-MARSEILLE.

Le Havre, 1ᵉʳ mars 1898.

Iʳᵉ PARTIE

———

ATTRIBUTIONS

DES RECEVEURS PARTICULIERS DES FINANCES

Les receveurs particuliers des finances ont des fonctions multiples, très sérieuses, qui nécessitent de leur part une intelligence active unie à un sentiment profond du devoir.

Surveillance des percepteurs et receveurs spéciaux. — Ils sont entièrement chargés de la direction et de la surveillance du service des percepteurs des contributions directes et des percepteurs-receveurs municipaux et hospitaliers. Ils ont droit de surveillance sur la gestion des receveurs spéciaux des communes, hospices, bureaux de bienfaisance et monts-de-piété. Ils doivent vérifier à domicile, au moins une fois l'an, le service de chacun des comptables de leur arrondissement et ils ne doivent pas hésiter à opérer deux ou trois vérifications annuelles chez tous les percepteurs et receveurs dont le service présente une certaine importance. Ils doivent arriver à l'improviste et faire en sorte de ne pas retourner chaque année aux mêmes dates dans les mêmes perceptions. Leur rôle consiste à surprendre les comptables afin d'être sûrs de la régularité qu'ils doivent apporter à leur service à n'importe quelle époque de l'année.

Lors de ces vérifications, il importe surtout de pointer à fond les émargements et d'apporter une attention soutenue dans l'examen des pièces de dépenses.

Dès leur arrivée, ils doivent immédiatement se faire représenter le numéraire et les valeurs de portefeuille, puis établir la situation générale des recettes et des dépenses. Ce point arrêté, il n'y a plus à craindre de modifications d'écritures dans le cours de la vérification. Dans l'examen des rôles, ils doivent s'assurer si les percepteurs envoient bien régulièrement les sommations sans frais et ne font pas de poursuites abusives. Ils doivent aussi examiner très sérieusement si les percepteurs se conforment exactement aux prescriptions du paragraphe 8 de la circulaire du Ministre des finances du 17 juillet 1897 pour les versements d'acomptes dès le commencement de l'année.

Surveillance des caisses d'épargne. — Les receveurs particuliers ont le droit de surveillance sur la gestion des caissiers de caisses d'épargne. Quatre fois par an, ils sont tenus à une vérification à domicile, mais, pour les trois premiers trimestres, ils peuvent se contenter d'une vérification de caisse et de l'établissement d'une balance, si le service leur paraît en bon état.

A la vérification du dernier trimestre, il leur est formellement prescrit de pointer les résultats des comptes courants et de faire tout leur possible pour se trouver présents au moment d'une séance publique, afin de vérifier les livrets présentés par les déposants et en comparer tous les résultats avec ceux du compte courant à la caisse d'épargne. Les receveurs des finances doivent, du reste, aviser à l'avance de leur vérification le président de la caisse d'épargne qui se trouve ainsi présent au moment du travail et apporte un appui moral considérable au fonctionnaire vérificateur.

Sociétés de courses et pari mutuel. — Les receveurs des finances vérifient la comptabilité des sociétés de courses et sont même tenus de surveiller les opérations du pari mutuel sur les champs de courses. Ils doivent prendre tous les résultats affichés après chaque course, tant à la pelouse qu'au pesage, et ne pas hésiter à recourir à l'autorité de la police s'ils reconnaissent la moindre tentative de vol ou de fraude. Leur rôle est essentiellement utile et leur seule présence sur les champs de courses suffira bien souvent à arrêter même l'idée de fraude dans le personnel du pari mutuel.

Les receveurs des finances ont qualité pour se faire représenter tous documents tant de la gestion des sociétés de courses que de celles du pari mutuel. Ils doivent surtout veiller à ce que les subventions de l'État, des départements, des villes, des sociétés particulières reçoivent leur affectation régulière en rapport avec les prévisions budgétaires. Ils doivent veiller à ce que le pari mutuel verse régulièrement ses recettes et que tout le bénéfice qui en résulte soit appliqué à l'amélioration des sociétés de courses. Le montant des tickets impayés reçoit une affectation spéciale à déterminer par l'administration supérieure si les sociétés de courses n'en ont pas employé le montant à la fondation de caisses de secours pour le personnel des courses. Dans le cas où, pour diverses raisons, la comptabilité des sociétés de courses ne pourrait pas être apportée à la recette des finances, les receveurs devraient se rendre au siège de la société et y opérer leur vérification à domicile. En cas de refus total de production de documents, ils devraient en référer au Ministre des finances. (*Décret 7 juillet 1891. Circulaires 1ᵉʳ février 1891, 21 mars 1892, 10 mars 1894. Décret 24 novembre 1896 et circulaire 13 février 1897.*)

Vérifications par le trésorier général. — Les receveurs des finances sont entièrement sous l'autorité du trésorier général du département, qui vérifie leur service deux fois par an, à domicile, et a qualité pour se faire représenter tous les registres et documents, s'il le juge utile.

Rapports avec le trésorier général. — Les receveurs des finances doivent, à part de rares exceptions (Caisse des dépôts et Ministère des finances pour quelques documents), se servir exclusivement de la voie de la trésorerie générale pour la transmission de leur comptabilité et leur correspondance avec le préfet du département, le préfet de la Seine, le gouverneur du Crédit foncier et le directeur général de la Caisse des dépôts et consignations. Ils adressent un courrier journalier et chaque dizaine rendent un compte exact et rigoureux de leurs opérations. C'est un véritable compte de gestion, et le trésorier général, bien entendu dans la limite des instructions, est le juge absolu pour l'admission des recettes et celle des pièces de dépenses. Les envois de documents se font aussi par mois, trimestre, semestre, etc., et il en sera donné la nomenclature dans les parties suivantes de ce volume.

Recettes et délivrance de récépissés. — Les receveurs particuliers des finances reçoivent à leur caisse et en délivrent des récépissés tirés de registres à souches séries *A, B, C, D* (*et dont les deux dernières sont munies de chiffres-contrôle à détacher*), visés seulement à la sous-préfecture pour les recettes de la caisse de retraites pour la vieillesse et les rentes et valeurs mobilières (*Circulaire 26 décembre 1896*), les produits ci-après désignés, mais, auparavant, il leur est fait observer que, pour les récépissés séries *C* et *D*, toute erreur dans le découpage annule le récépissé (*qui doit être adressé le même jour au trésorier général. (Cirlaires Compt. publ. 26 décembre 1896 et 13 mars 1897.)*

Versements des percepteurs. — 1° Les recettes opérées par les percepteurs des contributions directes sur les divers rôles dont le recouvrement est effectué par ces comptables, savoir :

Contributions directes (rôles de patentes, foncier, personnelle et mobilière, portes et fenêtres), taxes des biens de mainmorte, rétribution des poids et mesures, taxes sur les billards, chevaux, voitures et vélocipèdes, taxes sur les cercles, droits de visite de pharmacies et drogueries, redevances des mines, redevances pour la rétribution des délégués mineurs, vérification des alcoomètres et densimètres, droits d'inspection des fabriques et dépôts d'eaux minérales, épreuves d'appareils à vapeur, taxe militaire, etc.

2° Les recettes effectuées par les percepteurs des contributions directes sur les taxes diverses dont ils sont chargés de suivre le recouvrement, telles que pensions civiles sur le traitement de toutes catégories de fonctionnaires, consignations en matière de roulage et de navigation, frais de poursuites sur contributions, amendes et condamnations pécuniaires (*bien veiller, pour ce dernier produit, à l'application des prescriptions de l'art. 517 de l'instruction du 5 juillet 1895 et de la circulaire du 30 avril 1897 pour les acomptes*), frais de poursuites sur amendes et condamnations pécuniaires, produits éventuels départementaux (en 15 chapitres distincts), cotisations municipales et particulières (en 15 chapitres distincts), produits universitaires (enseignement primaire), contraintes extérieures, excédents de versements sur contributions directes et taxes assimilées, droits de permis de chasse, droits de locations verbales, service des enfants assistés, rentes et créances pour le compte des établissements de bienfaisance, droits de passeports à l'étranger, recouvrement pour le compte des caisses d'épargne, produits divers recouvrés pour le compte du receveur des finances (*Circulaire Comptabilité publique du 8 janvier 1890*), etc., etc.

Versements des receveurs municipaux et spéciaux. — 3° Les sommes versées par les receveurs des communes et établissements de bienfaisance, établissements publics, fabriques, à titre de placements au Trésor, avec intérêts (*Circulaires 28 septembre 1889, 31 décembre 1896, 19 février 1897, etc.*), placements au Trésor sans intérêts par les établissements spéciaux (*ne jamais omettre d'inscrire ces dernières recettes comme les dépenses de même nature sur le carnet spécial de compte courant dont l'établissement est de rigueur pour tous les comptables*).

4° Les sommes versées par les receveurs municipaux : 1° pour annuités d'emprunts dues à la caisse de chemins vicinaux et à celle de lycées, collèges, écoles, etc.; 2° pour cautionnements d'adjudications d'entreprises de travaux pour compte des communes et établissements; 3° pour retenues sur traitements des employés municipaux par suite d'oppositions, etc.; 4° pour contingents des communes dans les dépenses de l'instruction primaire, du service médical, des chemins vicinaux de toute nature, etc.

Versements des agents comptables des facultés. — 5° Les sommes versées par les percepteurs désignés comme agents comptables des facultés. (*Circulaire, n° 1600, du 27 mars 1890.*)

Versements des corps de troupe. — 6° Les fonds déposés par les corps de troupe, la gendarmerie, etc. (*Ne pas omettre l'inscription sur les carnets de placements et, à défaut, sur le livret mod. 32 du règlement du 14 janvier 1889 sur la comptabilité des corps de troupe et modèle 2 du 12 avril 1893 sur l'administration des corps de la gendarmerie.*)

Versements des particuliers. — 7° Les sommes dues par les particuliers pour produits universitaires, pensions civiles pour le compte du receveur central de la Seine (*Circ. 17 juillet 1897*), Écoles du Gouvernement (*Circulaires 17 février 1883, 28 février 1889, 29 mai 1897*), pensions civiles (*prendre note à leur sujet des dipositions spéciales au 1ᵉʳ douzième d'augmentation. Art. 28 de la loi du 29 mars 1897 et circulaire du 9 août 1897*), vente des publications du Gouvernement (*Circulaire du 29 janvier 1898, § 1*), produit du travail des détenus dans les ateliers pénitentiaires et prisons militaires, reversements de fonds sur les dépenses des ministères, remboursement des frais de surveillance des sociétés et établissements dépendant des ministères, recouvrements poursuivis par l'agent judiciaire du Trésor, remboursement des frais de contrôle et de surveillance des chemins de fer, dépenses des écoles normales, recettes accidentelles à différents titres, produit des maisons centrales de force et de correction, fonds de concours pour travaux publics, versements de cautionnements, taxes des brevets d'invention, coupes de bois de l'État (ordinaires et extraordinaires), frais de contrôle des chemins de fer et des tramways à vapeur et électriques, Légion d'honneur, patronage spécial de la Légion d'honneur, insignes de l'ordre du Mérite agricole, redevances pour port des décorations étrangères, produits éventuels départementaux, cotisations municipales et particulières, invalides de la marine, dépôts provisoires de soumissionnaires de travaux, reversements de frais de justice à restituer aux condamnés, recettes à classer, société d'assistance pour les aveugles, Imprimerie nationale (*V. art. 1150, Instruction générale 20 juin 1859, circulaires 25 juin 1862, 30 juin 1890, 29 mai 1897, décret du 28 août 1889*), redevances pour certificats généalogiques d'animaux, droits de protection à l'étranger des marques de fabrique et de commerce (Belgique, Espagne, Suisse, Tunisie, etc.), produit des maisons d'arrêt, de justice et de correction (*Ministère de l'intérieur, direction de l'administration pénitentiaire; décret du 23 novembre 1893, circulaire du 5 décembre 1893*), frais d'expertise (*§ 5, circulaire du 10 juin 1896*), produits universitaires, taxes sur les diplômes délivrés par l'État pour les écoles supérieures de commerce, retenues sur la solde et les accessoires du personnel de la marine et de celui des colonies, versements des officiers remontés à titre onéreux, frais de scolarité des médecins élèves du service de santé démissionnaires, service local des colonies (*Cochinchine et Obock, prix des décorations de l'ordre royal du Cambodge et de l'ordre du Nicham-El-Arrouar*), remises du caissier du Trésor (*prix des décorations de l'ordre royal de l'Annam, circulaire 30 juin 1890, § 10*), Divers, L/C de versements sur taxes de brevets d'invention, Divers, L/C d'abonnements au *Journal officiel*. (*Circulaires des 15 décembre 1897 et 27 janvier 1898.*)

Produits du pari mutuel. — 8° Les prélèvements opérés sur les recettes du pari mutuel lors des courses de chevaux (*1 p. 100 en faveur de l'élevage. Circulaire Comptabilité publique 1er septembre 1891.*)

Produits des régies financières. — 9° Les excédents de recettes des receveurs des régies financières, savoir : enregistrement, douanes, contributions indirectes, postes et télégraphes.

Coupes de bois, traites de douanes, etc. — 10° Le montant des traites souscrites par les particuliers pour adjudications de coupes de bois de l'État, les traites de douanes et sels acceptées par les receveurs principaux des douanes et enfin les obligations des redevables des contributions indirectes.

En ce qui concerne les coupes de bois domaniaux, si les adjudicataires veulent se libérer au comptant, les receveurs des finances ne doivent pas perdre de vue qu'il y a lieu de leur bonifier un escompte variant de 1 à 1/2 p. 100. (*Voir, à ce sujet, les circulaires ministérielles des 21 août 1875, § 6, 20 septembre 1887, § 1, et 22 avril 1897, § 3.*)

Banque de France. — Les receveurs des finances peuvent opérer des versements et des retraits à la Banque de France. (*V. circulaire Comptabilité publique 3 avril 1885, § 2*).

En vertu de la loi du 17 novembre 1897, prorogeant le privilège de la Banque de France, la Banque est tenue de fournir son concours au paiement des rentes et à l'émission des valeurs du Trésor. Elle doit, en outre, faciliter les mouvements de fonds des comptables du Trésor.

Le rôle de la Banque consistera surtout dans le paiement matériel des coupons de rentes ; chaque succursale ou bureau auxiliaire opérera comme un guichet annexe du bureau du comptable du Trésor en résidence dans la même localité. (Les coupons payés par la Banque devront être annulés au recto au moyen d'une griffe spéciale. *Circulaire du 31 décembre 1897.*)

Les receveurs des finances ne doivent pas perdre de vue qu'ils ne sont nullement dispensés du paiement des coupons et ne pourraient, sous aucun prétexte, renvoyer à la Banque les rentiers qui s'adresseraient à eux pour toucher leurs coupons.

Aux termes de l'article 9 de la loi du 17 novembre 1897, la Banque de France doit, sur la demande du Ministre des finances, ouvrir gratuitement ses guichets à l'émission des rentes françaises et des valeurs du Trésor. La Banque doit aussi prêter son concours, celui de ses succursales et de ses bureaux auxiliaires, au placement des bons du Trésor ne dépassant pas une année d'échéance.

Les receveurs des finances pourront opérer des versements et des prélèvements de fonds à la Banque, au moyen de reçus provisoires, de bons de virement délivrés par les trésoriers généraux suivant les prescriptions de la circulaire du 3 avril 1885, § 2. Dans les villes pourvues d'une succursale ou d'un bureau auxiliaire où il n'existe pas de recette des finances, les percepteurs et receveurs des régies financières pourront faire leurs versements à la Banque, mais seuls les percepteurs spécialement désignés à cet effet seront admis à effectuer des prélèvements.

Les traites de douanes et sels et de contributions indirectes seront remises directement par la Caisse centrale du Trésor, *pour encaissement,* à la Banque de France, toutes les fois qu'elles seront payables, soit dans une ville siège d'une succursale ou d'un bureau auxiliaire, soit dans une ville rattachée. (*Circulaire du 31 décembre 1897.*)

Successions en déshérence. — Les receveurs des finances reçoivent de l'administration de l'enregistrement les titres de rentes provenant des successions en déshérence et les font parvenir directement au Ministère des finances (bureau du caissier-payeur central du Trésor public).

Achats de rentes, bons du Trésor, etc. — Les receveurs des finances sont autorisés aussi à recevoir, mais en délivrant des reconnaissances extraites de registres à souche spéciaux, les sommes versées: 1° pour achats de rentes sur l'État (3 p. 100, 3 1/2 p. 100 et 3 p. 100 amortissable); 2° pour bons de liquidation, bons du Trésor à long et à court terme (*ces diverses recettes doivent toujours être accompagnées de bordereaux de demandes d'achats signés par les parties*); 3° pour délivrance de mandats sur le trésorier général du département; 4°, mais sans en délivrer de reconnaissance, l'opération étant faite par le trésorier général, les sommes offertes pour délivrance de mandats sur le Trésor et sur les trésoriers généraux des autres départements. Les demandes d'achats de rentes et de ventes de rentes sont adressées directement à la chambre syndicale des agents de change, à Paris, accompagnées d'états récapitulatifs spéciaux. (*Circulaire du 31 décembre 1897.*)

Paiements pour le compte de l'État et des départements. — Les receveurs des finances paient toutes les dépenses concernant l'État et les départements, de quelque nature qu'elles puissent être, dépenses publiques, dépenses de trésorerie, coloniales, etc., valeurs représentatives, rentes nominatives 3 p. 100, 3 p. 100 amortissable et 3 1/2 p. 100, coupons de rentes mixtes et au porteur, mixtes 3 p. 100 et 3 1/2 p. 100, porteur 3 p. 100, 3 1/2 p. 100 et 3 p. 100 amortissable, coupons de bons du Trésor et des bons de liquidation, pensions civiles, pensions de militaires, veuves de militaires, etc.

Ils sont chargés de veiller eux-mêmes à l'établissement des quittances de rentes sur l'État nominatives et au porteur et des quittances des pensionnaires de l'État, mais ils ne doivent payer les mandats de dépenses publiques (État et départements) et de trésorerie que lorsqu'ils ont été visés « Bons à payer » par le trésorier général du département. En ce qui concerne les rentes sur l'État, ils sont possesseurs de registres spéciaux par nature de rentes (divisés ensuite par séries), sur lesquels sont inscrites toutes les sommes payables dans leur arrondissement. Ces registres, dont les séries doivent être très distinctes, sont mis à jour chaque trimestre au moyen d'états d'augmentation et de diminution qui leur sont adressés par le trésorier général (*dans certains départements, les receveurs des finances sont chargés de préparer eux-mêmes ces registres, au moyen de fiches qu'ils établissent avec les anciens documents et soumettent à la vérification de la trésorerie générale*). Ils peuvent cependant payer les rentes inscrites dans d'autres départements, à présentation, *à leurs risques et périls*, ou après les avoir soumises à la formalité de l'encaissement, ce qui dégage entièrement leur responsabilité.

Les registres d'arrérages des pensions civiles, militaires, douanes, veuves de douaniers, veuves de militaires, etc., sont aussi établis par arrondissement, après instructions données par la trésorerie générale, au sujet des augmentations et diminutions qu'il y a lieu d'y apporter trimestriellement. Entres autres remarques importantes, les receveurs des finances doivent inscrire exactement chaque année sur le registre des pensions militaires les allocations supplémentaires accordées aux pensionnés militaires en vertu de l'article 50 de la loi du 26 janvier 1892. Ces allocations doivent aussi être mentionnées sur les titres de pensions possédés par les titulaires. (*Art. 34, loi du 29 mars 1897 ; circulaires des 15 mai 1897, § 1, et 25 janvier 1898, n° 158, Dette inscrite.*)

Emprunts du Crédit foncier et de la Ville de Paris. — Les receveurs des finances sont autorisés à être les correspondants du « Crédit foncier de France » et de la « Ville de Paris », aussi bien pour leurs diverses émissions d'obligations que pour les recettes de toute nature et le paiement des coupons des actions et obligations.

Au moment des emprunts, les receveurs des finances reçoivent les souscriptions, et remettent ensuite aux parties les titres provisoires en échange des récépissés primitifs. Ces divers emprunts étant généralement faits à longue échéance et les particuliers pouvant se libérer par acomptes s'échelonnant sur plusieurs années, les receveurs particuliers acceptent les versements et les mentionnent sur les titres provisoires dans des cases réservées à cet effet. Lorsque les versements sont entièrement opérés, ils servent encore d'intermédiaires au public pour l'échange des titres provisoires contre des titres définitifs.

Lors de l'inscription des versements sur les obligations provisoires du Crédit foncier, les receveurs des finances doivent apposer un timbre-contrôle adressé par le Crédit foncier et qu'ils oblitèrent avec la date du versement.

Les recettes effectuées par les receveurs des finances donnent lieu à la délivrance de bordereaux individuels qui sont récapitulés chaque dizaine et adressés au trésorier général du département. Les receveurs particuliers payent les dividendes des actions du Crédit foncier de France et les coupons des obligations nominatives et au porteur du Crédit foncier, de la Banque hypothécaire (pour le compte du Crédit foncier) et de la Ville de Paris, au moyen de barêmes qui leur sont adressés mensuellement et indiquent le chiffre net à payer pour chaque coupon. Ils payent également les coupons de l'emprunt de l'Annam et du Tonkin, pour le compte du Crédit foncier de France, qui se rend responsable vis-à-vis de la Banque de l'Indo-Chine, chargée de cette opération.

Pour tous ces divers paiements de dividendes, de coupons, etc., les receveurs des finances établissent ou font établir des quittances individuelles par nature d'emprunts et pour chaque échéance semestrielle. Des récapitulations sont ensuite établies par dizaines et adressées avec les quittances à la trésorerie générale, aux époques qu'elle juge à propos de fixer.

Les receveurs des finances procèdent aussi au remboursement des obligations du Crédit foncier de France, de la Banque hypothécaire, de la Ville de Paris, de l'Annam et du Tonkin, soit par paiements à présentation, soit par envois à l'encaissement, suivant instructions spéciales données par la trésorerie générale à ce sujet. La correspondance relative au Crédit foncier de France et à la Ville de Paris ne jouit pas de la franchise postale. Tous les envois de lettres, bordereaux, quittances doivent être affranchis ou expédiés par colis postaux. Afin de diminuer les risques y relatifs, les titres amortis sont toujours annulés et oblitérés. De même, il est absolument prescrit aux comptables d'annuler ou de perforer tous les coupons payés, et cela au moment même du paiement. L'application rigoureuse de cette prescription est de nature à sauvegarder sérieusement les intérêts des receveurs des finances. Les frais de port et de correspondance sont ajoutés chaque dizaine au total des dépenses concernant tant le Crédit foncier que la Ville de Paris.

Lorsque les titres du Crédit foncier, de la Banque hypothécaire, de la Ville de Paris, etc., sont déposés, soit pour conversion, soit pour remboursement ou pour tout autre motif, les receveurs des finances délivrent des reconnaissances extraites de registres à souche spéciaux et dont les modèles leur sont rigoureusement prescrits. Tous les imprimés relatifs aux diverses opérations du Crédit foncier et de la Ville de Paris sont fournis gratuitement aux receveurs des finances, soit par envois directs des administrations centrales à Paris, soit par l'intermédiaire du trésorier général du département.

Rentes sur l'État. — Les receveurs particuliers des finances sont chargés du mouvement des titres de rentes sur l'État et servent d'intermédiaires au public pour la vente, l'échange, le renouvellement, la division, la réunion, la mutation et la conversion de ces titres (*Circulaires 29 juillet 1874, etc.*). Ils délivrent à chaque déposant des reconnaissances extraites d'un livre à souche spécial et munies d'un talon signé par la partie déposante. Chaque jour, ils sont tenus d'adresser au trésorier général les titres déposés avec des bordereaux récapitulatifs spéciaux par nature d'opérations. Les demandes de ventes de rentes doivent être accompagnées de bordereaux signés par les parties et celles concernant les titres nominatifs ne doivent être acceptées que s'il y est annexé des procurations notariées en minute ou en brevet selon le chiffre de rente à vendre. Les receveurs des finances reçoivent, sans frais, les fonds pour achats de rentes et délivrent des reconnaissances extraites d'un livre à souche spécial. Ils font signer aux parties déposantes des bordereaux d'achats dont les conditions doivent être observées par la chambre syndicale des agents de change.

Remboursement du 3 p. 100 amortissable. — Les receveurs des finances sont aussi chargés d'opérer le remboursement des titres de rente 3 p. 100 amortissable dont une série sort chaque année. Il leur est envoyé régulièrement une liste de tirage à cet effet. Ils délivrent des récépissés à souche aux déposants, font acquitter les titres au recto et font aussi signer une demande de remboursement avec signature dûment certifiée. Les dossiers sont envoyés chaque jour au trésorier général qui transmet ultérieurement l'autorisation de remboursement.

Paiements des arrérages de rentes sur l'État. — Les receveurs des finances paient les arrérages de toute nature des rentes au porteur sur des quittances-spéciales qu'ils font établir par échéance et par catégories de rentes. Quant aux rentes nominatives, elles donnent lieu à l'établissement de quittances spéciales qui sont immédiatement émargées sur le registre d'arrérages de l'arrondissement. Les quittances de rentes nominatives, établies par séries, sont récapitulées chaque dizaine et envoyées en franchise à la trésorerie générale, dûment revêtues du cachet « Payé » des receveurs des finances. Les receveurs des finances doivent veiller rigoureusement à ce qu'au moment du paiement, la date en soit apposée avec leur cachet spécial au verso de chaque inscription de rente, dans les cases disposées à cet effet. Lorsque les cases préparées sont épuisées, ils doivent refuser tout paiement et inviter les rentiers à déposer leurs titres pour renouvellement. En ce qui concerne les coupons de rentes au porteur, ils sont détachés en fin de dizaine des quittances souscrites par les parties. Ces quittances sont conservées à la recette des finances, bien classées, où elles doivent être en état d'être consultées chaque fois qu'une recherche est prescrite par le Ministère des finances. Quant aux coupons, ils sont classés par catégories, par valeur de rentes, par numéros et relevés sur des bordereaux d'envois par échéance. Leur total doit par suite représenter le montant des quittances des parties. Ces coupons (qui doivent être rigoureusement annulés au moment même du paiement) sont adressés chaque dizaine, en franchise, à la trésorerie générale du département.

Caisse des dépôts et consignations. — Les receveurs particuliers des finances sont les préposés de la Caisse des dépôts et consignations (dont la direction générale est à Paris) et reçoivent à leur caisse toutes sommes versées au compte de cet établissement en délivrant aux parties des reconnaissances extraites d'un registre à souche et qui sont visées à la sous-préfecture seulement en ce qui concerne la caisse des retraites pour la vieillesse et les rentes et valeurs mobilières. Les recettes concernant la Caisse des dépôts et consignations sont très nombreuses ; entre autres, les consignations judiciaires ou administratives en numéraire et en rentes et valeurs mobilières pour cautionnements d'adjudicataires de travaux, de fournitures aux administrations, aux villes, etc., des surenchères sur immeubles et propriétés foncières, des offres réelles, des prix d'immeubles grevés d'hypothèques, des reliquats de ventes mobilières frappées d'oppositions, des retenues sur traitements, du prix des suppressions d'offices ministériels, des cautionnements de mise en liberté provisoire, des successions vacantes, etc. En outre, d'autres recettes non moins nombreuses et importantes, telles qu'annuités en recouvrement sur prêts, cautionnements provisoires de soumissionnaires de travaux, caisses d'épargne et de prévoyance, sociétés de secours mutuels, L/C de dépôts et celui des fonds de retraites, dépôts et fondations civils, dépôts et fondations militaires, dépôts des établissements publics, dépôts des notaires, séquestres, mandataires de justice, caisses d'assurances en cas de décès, en cas d'accidents, caisse de retraites pour la vieillesse, caisse des offrandes nationales, recouvrement de valeurs souscrites en garantie de prêts, produits et frais divers, caisse des chemins vicinaux, des lycées et collèges, prix des carnets d'autorisations de paiements délivrées aux notaires, courses de chevaux (prélèvement de 2 p. 100 en faveur des œuvres de bienfaisance). [*Circulaire Caisse des dépôts et consignations 11 décembre 1891.*] Rentes et valeurs mobilières, etc.

L'énumération des obligations des receveurs des finances pour des opérations si multiples entraînerait un développement hors de proportion avec le cadre du présent ouvrage et il n'en sera parlé que sommairement et en termes généraux. La Caisse des dépôts et consignations a si bien compris ce fait qu'en août 1894 elle a fait éditer par l'Imprimerie nationale un recueil complet des lois, décrets, ordonnances, arrêtés et décisions ministérielles, avis du Conseil d'État, et comprenant plus de 600 feuilles pour la période de 1805 à 1894. Cet ouvrage est indispensable à tous les comptables et les renseignera sérieusement sur toutes questions contentieuses.

Comme pour leurs autres recettes, les receveurs des finances rendent compte chaque dizaine au trésorier général et lui adressent des bordereaux justificatifs que celui-ci fait ensuite parvenir à la Caisse des dépôts et consignations.

Consignations judiciaires et administratives. — Pour le remboursement des consignations judiciaires et administratives, les receveurs des finances établissent eux-mêmes les quittances des sommes à rembourser, tant en principal qu'en intérêts, et ils ne sauraient trop s'appesantir sur cette partie si délicate de leur service. Ils doivent consulter à cet effet, avec le plus grand soin, les justifications prescrites par l'Instruction générale du 1er décembre 1877 et développées très distinctement dans les tableaux annexes des folios 87 à 101.

Ils doivent lire avec beaucoup d'attention tous les actes et documents qui leur sont présentés. Ils devront surtout veiller scrupuleusement à l'inscription des oppositions, transports, etc., qui leur sont signifiés et dont l'oubli engagerait complètement leur responsabilité pécuniaire. Des dossiers spéciaux doivent être établis pour chaque consignation et toutes les pièces qu'ils renferment être mentionnées sur la couverture. En ne remboursant alors aucune consignation sans examiner le dossier qui lui est propre, ils sont à peu près sûrs de ne pas faire d'omissions et de payer indûment des sommes plus ou moins fortes dont le remboursement serait parfois très aléatoire.

Les pièces de dépenses de la Caisse des dépôts et consignations sont adressées chaque dizaine à la trésorerie générale, dûment accompagnées de bordereaux spéciaux et de fiches pour chaque nature de paiement et qui peuvent correspondre aux diverses recettes dont l'énumération a été ci-dessus donnée. Ces pièces de dépenses sont généralement vérifiées par la Direction générale dans un délai normal de deux mois. Si une quittance n'est pas acceptée à Paris, elle n'est cependant rejetée que provisoirement et un délai de 10 à 15 jours est laissé au receveur des finances pour opérer sa régularisation. Si ce délai vient à être dépassé, le rejet devient définitif et les receveurs des finances doivent en rembourser le montant de leurs deniers, avec la faculté toutefois de représenter la dépense quand ils peuvent arriver à sa régularisation. La direction générale de la Caisse des dépôts et consignations n'examine jamais les dossiers avant paiement, mais elle consent cependant avec une très grande obligeance à donner son avis sur toutes les questions litigieuses qui lui sont posées par les préposés. Elle leur recommande même de transmettre toutes les demandes de renseignements qui peuvent être déposées et les engage au besoin à les provoquer, mais, dans toute transmission, il doit y avoir des faits précis d'invoqués, afin d'amener une réponse nette et catégorique sur les points controversés. A la fin de chaque année, les receveurs des finances établissent les balances des comptes des notaires, établissements publics, séquestres, mandataires de justice, sociétés de secours mutuels, caisses d'épargne, etc., et les adressent à la trésorerie générale, qui les fait parvenir à la Caisse des dépôts et consignations. Des relevés sommaires sont établis pour les consignations judiciaires et administratives, tant en numéraire qu'en rentes et valeurs mobilières, mais tous les cinq ans ils ont à établir un état général des soldes, par compte de dépôt (voir, pour chaque département, la date fixée par les circulaires des 10 juillet 1894 et 24 avril 1896). En ce qui concerne les rentes et valeurs mobilières déposées à leur caisse, les receveurs des finances doivent procéder avec un soin tout particulier à l'examen de ces titres et veiller à ce que tous les coupons non échus s'y retrouvent exactement. Ils doivent scrupuleusement observer, pour le calcul des droits de garde, les prescriptions de la circulaire du 24 juin 1890, qui divise les titres en trois catégories payant : la première un droit annuel de 0 fr. 05 c. p. 100 de la valeur du titre consigné, la deuxième, 0 fr. 10 c. p. 100 et la troisième, 0 fr. 25 c. p. 100. Après la première année de droit de garde payée, ce droit n'est plus exigible que par trimestre.

Successions militaires à l'étranger et dans les colonies. — Les receveurs des finances sont chargés de payer les remboursements provenant de fonds de successions de militaires et de successions recueillies à l'étranger et dans les colonies, mais comme les comptes ne sont ouverts qu'à Paris, à la Direction générale et jamais dans les arrondissements, ils ne doivent effectuer aucun paiement sans autorisation de la Direction générale, à moins que la caisse n'ait opéré un virement de compte sur leur arrondissement.

Rentes viagères. — Les receveurs des finances paient les arrérages des rentes viagères pour la vieillesse, sur la présentation des titres des parties, au verso desquels ils mentionnent le paiement au moyen d'un cachet spécial à date. Ils doivent vérifier les numéros et les sommes avec le plus grand soin à l'aide des registres d'arrérages qu'ils établissent sur les indications de la trésorerie générale par périodes triennales et mis à jour par trimestres.

Les parties prenantes doivent présenter un certificat de vie établi par le maire de leur résidence, et leur quittance est donnée au bas de ce certificat.

Chaque dizaine, les quittances de paiement sont récapitulées et adressées en franchise à la trésorerie générale.

Les receveurs des finances doivent transmettre chaque jour les demandes d'entrée en jouissance des rentes viagères ainsi que les demandes d'ajournements de rentes. Il y a aussi à adresser les demandes d'abandon de capitaux et enfin les demandes d'ordonnancement, au profit de qui de droit, des arrérages échus sur les titres viagers au décès des rentiers et, enfin, des capitaux réservés sur les livrets, au décès des déposants. Ces dossiers doivent toujours se composer des livrets de la caisse des retraites, des titres de rente viagers, des actes de décès et, enfin, des intitulés d'inventaires ou certificats de propriété établissant les qualités et droits des héritiers.

Emprunts d'État. — Les receveurs particuliers participent et concourent à toutes les émissions de rentes faites par l'État, à quelque nature de rentes qu'elles se rapportent. Ils sont seuls chargés, concurremment avec la Banque de France, de recevoir les souscriptions provisoires, délivrer les titres aux parties et renseigner le public sur leur répartition. Ils ne doivent jamais perdre de vue qu'ils sont les intermédiaires du Gouvernement et, comme tels, être ses collaborateurs les plus dévoués. Lors de chaque emprunt, il est délivré des récépissés à chaque souscripteur, lesquels doivent toujours être extraits d'une souche spéciale dont le modèle est indiqué par l'administration. Du reste, tous les imprimés sont fournis gratuitement par le Ministère des finances et arrivent généralement quelques jours avant l'opération. Les résultats des souscriptions sont relevés sur des bordereaux en minute et double expédition, la minute devant être conservée à la recette des finances, la première expédition à la trésorerie générale et la deuxième expédition au Ministère des finances. Lors de l'arrivée des titres provisoires, la répartition doit en être faite selon les barêmes officiels et ces titres sont ensuite remis aux parties contre leur acquit. La même formalité existe pour l'échange des titres provisoires contre les titres définitifs.

Conversion de rentes. — Lorsqu'il s'agit de conversions de rentes, les opérations sont absolument identiques, avec cette seule différence que pour la première opération il est déposé des titres à convertir au lieu de souscriptions en numéraire.

Opérations financières pour le compte des trésoriers généraux.
— Les receveurs des finances sont autorisés à prêter leur concours au trésorier général : 1° pour l'encaissement et le remboursement des sommes placées en compte courant ; 2° pour l'achat et la vente en Bourse des valeurs françaises ; 3° enfin, pour le paiement des coupons de ces valeurs. Mais il n'en résulte pas pour eux une obligation expresse et ils peuvent se refuser à effectuer ce genre d'opérations. La correspondance y relative et les titres à négocier doivent être adressés sous plis spéciaux, dûment affranchis, le montant du port devant être remboursé par les parties lors du règlement de leurs négociations.

Les trésoriers généraux bonifient une commission aux receveurs des finances pour toutes les opérations qu'ils effectuent pour leur compte particulier.

Les titres à négocier sont adressés chaque jour et l'avis des fonds versés pour achats doit être aussi envoyé journellement. Le produit des ventes et les nouveaux titres sont remis aux parties contre leur acquit apposé au verso des récépissés délivrés par les receveurs des finances.

Les coupons payés ainsi que les quittances des parties prenantes sont adressés, chaque dizaine, au trésorier général, par plis affranchis à la poste ou par colis postaux avec valeur déclarée, suivant l'importance de l'envoi. Le poids des colis doit être conservé exactement en cas de contestations ultérieures, lors de la réception par la trésorerie générale.

Les receveurs des finances sont autorisés, exceptionnellement, par la circulaire du 31 décembre 1897, à accepter les ordres de ventes de valeurs étrangères s'ils sont accompagnés d'ordres d'achats simultanés pour une somme équivalente de rentes françaises, de valeurs du Trésor ou de fonds directement garantis par le gouvernement français : obligations tunisiennes, obligations de l'emprunt du Tonkin ou de l'emprunt de Madagascar. (*Circulaire du 31 décembre 1897.*)

Caisse et comptabilité. — Les receveurs des finances doivent faire leur caisse chaque jour. Ils se servent d'un livre-journal, d'un grand-livre, de registres à souche spéciaux en grand nombre et, enfin, d'une très grande quantité de livres de détail. Des sommiers très détaillés sont employés pour le service des rentes, de la perception des amendes et condamnations pécuniaires et, enfin, pour la Caisse des dépôts et consignations. Ceux des amendes et condamnations (surséances) doivent toujours demeurer dans les archives des percepteurs, ainsi que les extraits de jugements s'appliquant à ces surséances. Les sommiers de la Caisse des dépôts et consignations ne sont pas versés non plus dans les archives de la sous-préfecture et doivent demeurer indéfiniment dans celles de la recette des finances.

Les receveurs des finances doivent transcrire toutes leurs opérations journalières sur le livre-journal et ne doivent y porter que les comptes autorisés par M. le Directeur général de la comptabilité publique. (*En dernier lieu, Circulaires des 27 janvier 1897, § 3, et 27 janvier 1898, § 2.*)

Les différentes recettes pour lesquelles il est délivré des récépissés, registres séries A, B, C et D, sont transcrites sur le livre de détail spécial prescrit par la circulaire du 26 décembre 1896 et leur total général de chaque jour est transporté en bloc sur le livre-journal à un compte d'ordre intitulé : « Receveurs particuliers, L/C de recouvrements journaliers. » Chaque soir, le livre-journal est totalisé et les diverses opérations portées au grand-livre. A la suite de l'arrêt de la journée, il doit être mentionné le solde des valeurs, tant en numéraire qu'en pièces de dépenses. Le solde de caisse doit être la représentation du numéraire (billets de banque, or, argent, monnaies divisionnaires, monnaies de bronze, timbres mobiles) existant réellement en caisse et transcrit sur le calepin réglementaire. Le solde des pièces de dépenses doit correspondre exactement avec celui du livre général des pièces de dépenses, qui comprend tous les mandats de dépenses publiques et de trésorerie (entièrement détaillés), et récapitule les dépenses relatives aux rentes nominatives, rentes au porteur, coupons de la Ville de Paris, de la Banque hypothécaire, du Crédit foncier de France, de l'Annam et du Tonkin, etc, pour lesquelles il est monté des livres de détail spéciaux.

Journaux à souche des percepteurs et receveurs spéciaux. — Les receveurs des finances sont détenteurs des journaux à souche à employer par les percepteurs des contributions directes et les receveurs municipaux spéciaux, et ne les leur remettent qu'au fur et à mesure de leurs besoins. Ils font l'avance du prix à l'Imprimerie nationale et se font rembourser par les comptables lors de leurs livraisons partielles. Les receveurs particuliers des finances doivent viser, par premier et dernier feuillet, mais après les avoir foliotés, les journaux à souche, livres récapitulatifs et livres des comptes divers qu'ils remettent aux comptables pour le service de chaque année.

Enquêtes monétaires. — Les receveurs des finances sont chargés des enquêtes monétaires ordonnées par M. le Directeur du mouvement général des fonds et doivent y apporter le plus grand zèle. (*Voir la dernière circulaire y relative du 25 août 1897.*)

Caisses de retraites et de secours des ouvriers mineurs. — Les receveurs des finances sont autorisés à recevoir les sommes que les exploitants des mines doivent verser à la Caisse nationale des retraites pour la vieillesse en exécution de la loi du 29 juin 1894 sur les caisses de retraites et de secours des ouvriers mineurs. (*Instruction 5 mars 1887. Circulaires Caisse des dépôts et consignations des 18 décembre 1894 et 25 mars 1895.*)

Versements de fonds aux percepteurs et aux trésoriers des invalides de la marine. — Les receveurs des finances ont souvent à envoyer des fonds aux percepteurs, pour le service des dépenses du Trésor et dans les arrondissements maritimes aux trésoriers des invalides de la marine, habitant les petits ports non chefs-lieux d'arrondissement. Ils ont à employer les états modèles 288 et 289 et devront se conformer exactement aux prescriptions des articles 1398 à 1400 de l'Instruction générale du 20 juin 1859.

Fondé de pouvoirs. — Dans le cas d'absence dûment autorisée comme en cas d'empêchement légitime, les receveurs des finances peuvent se faire représenter par un fondé de pouvoirs agréé par le trésorier-payeur général du département et le sous-préfet de l'arrondissement. Ils doivent faire connaître au ministère le nom de ce fondé de pouvoirs. (*Art. 1360, Instruction générale du 20 juin 1859.*) Cette tolérance est entrée dans la pratique d'une façon générale, et tous les receveurs des finances, sans exception, ont actuellement un fondé de pouvoirs. Par une dérogation spéciale, en raison de l'importance considérable de son arrondissement, le receveur des finances du Havre a été autorisé, en outre du fondé de pouvoirs, à donner une délégation spéciale à un deuxième employé, mais seulement en ce qui concerne les récépissés et reçus divers.

Les receveurs des finances font établir, par-devant notaire, la procuration qu'ils donnent aux fondés de pouvoirs, et une expédition de cet acte doit toujours se trouver dans le bureau, à la disposition du public.

Lors des vérifications à domicile, les receveurs particuliers peuvent se faire remplacer par leur fondé de pouvoirs, mais ils doivent, chaque fois qu'ils sont obligés d'user de cette faculté, en rendre compte au Ministre des finances, qui apprécie les motifs d'empêchement. (*Art. 1306, Instruction générale du 20 juin 1859.*)

Le fondé de pouvoirs du receveur particulier des finances ne peut, sauf autorisation ministérielle, cumuler ses fonctions avec celle de caissier de la recette des finances, tout son temps devant être employé à la surveillance générale du service. (*Circulaires des 20 janvier 1886, § 4, et 30 juin 1890, § 23.*)

Personnel des bureaux. — Les receveurs des finances sont chargés d'assurer personnellement leur service et de s'adjoindre le nombre d'employés qui leur est nécessaire pour faire marcher ce service sans encombre et sans aucune plainte du public. Ils payent le personnel de leurs deniers et en rendent compte chaque année au Ministère des finances, par l'établissement de l'état des frais de matériel et de personnel destiné à l'éclairer sur les frais de gestion des receveurs des finances.

Les employés des recettes des finances, même le fondé de pouvoirs (malgré sa procuration et son investiture administrative), ne sont pas fonctionnaires publics, mais cependant, en vue de favoriser leur recrutement et de les maintenir dans les bureaux de recettes des finances, ils sont assimilés aux fonctionnaires et aux catégories d'élus du suffrage universel pouvant obtenir une perception des contributions directes après 7 années de service.

Chaque année, cette mesure reçoit son exécution, et il est nommé environ 30 à 35 fondés de pouvoirs titulaires de perceptions de 4ᵉ et 3ᵉ classe.

Vérifications à domicile. — Lorsque dans une vérification de service à domicile, les receveurs des finances viennent à constater une irrégularité grave, en dehors de la suspension qu'ils ont le droit de prononcer aussitôt et mettre à exécution sans aucun délai, ils doivent envoyer immédiatement par lettre spéciale, au Ministre des finances et par l'intermédiaire du trésorier général, les procès-verbaux de vérification des percepteurs, receveurs spéciaux, etc., relatant les faits incriminés. (*Circulaires 28 septembre 1896, § 5, et 17 juillet 1897, § 6.*) De même, ils sont tenus de prévenir immédiatement M. le Ministre des finances de tous autres événements présentant une certaine importance (tels que paiement de faux mandats, détournement de valeurs, actes d'indélicatesse des employés, etc.). [*Circulaire du 17 juillet 1897, § 6.*]

Interdiction d'opérations commerciales. — Il est expressément défendu aux receveurs particuliers des finances de se livrer à des opérations commerciales, soit ouvertement, soit sous le couvert de prête-noms, et ils doivent tenir la main à ce que leurs subordonnés se conforment aussi à ces prescriptions. (*Circulaire spéciale de M. Cochery, ministre des finances, du 1ᵉʳ mai 1897.*)

Mandats de solde et d'accessoires de solde de la marine. — Aux termes du § 2 de la circulaire ministérielle du 28 mai 1867, les receveurs particuliers des finances résidant dans les ports de Rochefort-sur-Mer, Saint-Malo, Cherbourg, Lorient, Dunkerque et le Havre sont autorisés à payer directement, sans le visa préalable du trésorier-payeur général, les mandats de solde et d'accessoires de solde de la marine. Cette autorisation s'applique aussi maintenant aux mêmes dépenses concernant le service colonial. Aux termes d'une nouvelle circulaire du 30 avril 1897, § 1ᵉʳ, le Ministre des finances a décidé que les receveurs particuliers des finances désignés ci-dessus, afin d'être en mesure de se conformer aux prescriptions de l'article 92 du décret du 31 mai 1862, tiendront désormais, concurremment avec leur chef de service, la comptabilité des crédits afférents aux dépenses de solde et d'accessoires de solde (tant du service de la marine que du service colonial) payables à leur caisse. A cet effet, les trésoriers généraux notifieront en temps et lieu aux receveurs intéressés, le montant des crédits spéciaux des services ci-dessus désignés, des retraits et des annulations de crédits, et les receveurs des finances devront en tenir note sur un carnet spécial. Chaque mois, les receveurs des finances devront adresser le relevé de leurs écritures mensuelles, afin de s'assurer de leur concordance avec celles de la trésorerie générale.

Classement des recettes particulières. — Les recettes particulières des finances sont divisées en trois classes et, chaque année, cette division est faite par le Ministre des finances, au vu des totaux des remises de l'année écoulée. (*Dernière circulaire y relative. Lettre commune, n° 108, du 7 août 1897, visant la décision ministérielle du 19 juillet 1897.*)

Rétribution. — Les receveurs des finances sont rétribués au moyen de traitements fixes pour le service du Trésor, et de commissions diverses pour les opérations relatives aux achats de rentes, à la Caisse des dépôts et consignations, au Crédit foncier de France, à la Ville de Paris, etc.

Perceptions des chefs-lieux d'arrondissement. — Les receveurs particuliers des finances sont, aux termes d'un décret en date du 24 mars 1896, chargés du service de la perception des contributions directes dans les villes, chefs-lieux d'arrondissement de sous-préfectures, dont la population est inférieure à 20,000 habitants. Le mode de comptabilité qu'ils ont à employer pour cette partie spéciale du service est décrit dans la lettre commune n° 99 du Ministère des finances, du 16 mai 1896. Ils sont indemnisés des frais de gestion relatifs au service de la perception dans leur résidence, soit au moyen de remises payées par les communes pour frais de perception, soit au moyen d'une allocation déterminée spécialement par le Ministère des finances. Ces indemnités ne sont pas sujettes aux retenues pour pensions civiles prescrites par l'article 3 de la loi du 9 juin 1853.

Remise sur les cotes foncières de 25 francs et au dessous (*Loi du 21 juillet 1897*). — Les receveurs des finances sont appelés à donner leur concours pour l'application de la loi du 21 juillet 1897, relative à la remise à accorder aux cotes foncières des propriétés non bâties, sous la réserve que ces cotes n'excèdent pas 25 francs (part de l'État). La circulaire du 18 décembre 1897 (*n°ˢ 1719 et 368 de la Comptabilité publique*), qui ne comprend pas moins de 113 pages, donne les plus grands détails sur le travail des percepteurs et la vérification qui doit en être opérée par leurs chefs de service. Le concours des percepteurs est capital et ces fonctionnaires sont entièrement substitués aux contrôleurs des contributions directes pour l'application des dégrèvements.

IIe PARTIE

———

DOCUMENTS A FOURNIR

PAR LES RECEVEURS PARTICULIERS

AU MINISTÈRE DES FINANCES

ET A FAIRE PARVENIR AUX FONCTIONNAIRES CI-APRÈS DÉSIGNÉS

A M. LE DIRECTEUR GÉNÉRAL DE LA COMPTABILITÉ PUBLIQUE

Par mois.

> Le 22.
>
> État général détaillé des récépissés délivrés pendant le mois.
>> *Modèle 279 modifié, art. 1369, 1709, 1710, 1839, 2089, instruction*
>> *générale du 20 juin 1859 ; circulaire du 26 décembre 1896, § 18.*
>
> A envoyer sous pli chargé en franchise, lettre officielle à l'appui.

A date indéterminée.

> Accusé de réception des imprimés envoyés par l'Imprimerie nationale pour
> le service des dégrèvements des cotes foncières.
>> *Circulaire du 18 décembre 1897, § 14, page 59.*
>
> A envoyer sous pli spécial, aussitôt la réception des imprimés, au bureau du service de
> la perception.

A M. LE CAISSIER-PAYEUR CENTRAL DU TRÉSOR PUBLIC

A date indéterminée, selon les nécessités du service.

Titres de rentes sur l'État et autres valeurs dépendant des successions en déshérence.

Circulaire du 1ᵉʳ décembre 1863, § 21, Comptabilité publique.

Ces titres proviennent de dépôts effectués par les receveurs de l'enregistrement et des domaines.

Les receveurs des finances leur délivrent un reçu provisoire.

A M. LE DIRECTEUR DU MOUVEMENT GÉNÉRAL DES FONDS

A date indéterminée, selon les nécessités du service.

Avis de l'envoi au caissier-payeur central du Trésor public de titres ou valeurs provenant de successions en déshérence.

Circulaire du 1ᵉʳ décembre 1863, § 21, Comptabilité publique.

Annexer à cette lettre un des bordereaux produits par le receveur de l'enregistrement et des domaines.

DOCUMENTS A ADRESSER

PAR LES RECEVEURS PARTICULIERS DES FINANCES

AU TRÉSORIER-PAYEUR GÉNÉRAL

___

Tous les jours non fériés.

Bulletin de caisse donnant le détail du numéraire existant à la fin de la journée, après le versement de l'excédent à la Banque de France ou l'envoi au trésorier général.

Art. 1206, 1265, etc., instruction générale du 20 juin 1859.

Il est d'usage dans certaines trésoreries générales de faire mentionner sur ce bulletin le montant des fonds de subvention remis aux percepteurs, ainsi que le détail des dépenses pour lesquelles il est réservé des fonds spéciaux en plus de la réserve ordinaire, fixée de 20,000 à 60,000 fr., selon l'importance des recettes des finances.

Avis de crédit des recettes passées aux comptes : Remises du trésorier général, Achats de rentes, etc., pour lesquels il n'est pas délivré de récépissés séries A, B, C, D.

1 avis pour le service du Trésor.

1 avis pour le service des fonds particuliers (Crédit foncier, Ville de Paris, Achat de valeurs, etc.).

Art. 1696, etc., instruction générale du 20 juin 1859 ; circulaires du 21 octobre 1867, etc.

Toutes pièces justificatives doivent être annexées à cet avis de crédit.

Dans certaines trésoreries générales, on prescrit du papier de couleur différente pour les avis du Trésor et ceux des fonds particuliers.

Avis de débit des paiements opérés pour le compte particulier du trésorier-payeur général et pour certaines dépenses dont l'envoi ne peut être différé au dernier jour de la dizaine.

1 avis pour le service du Trésor.

1 avis pour celui des fonds particuliers.

Art. 1696, instruction générale du 20 juin 1859 ; circulaires du 21 octobre 1867, etc.

Les pièces de dépenses doivent être annexées aux avis de débits.

Même remarque est faite qu'aux avis de crédits, en ce qui concerne la couleur du papier.

Chaque jour, s'il y a eu des opérations de constatées.

Copie de l'état récapitulatif des demandes d'achats de rentes sur l'État.
Art. 1156, 1157, 1851, etc., instruction générale du 20 juin 1859 ; circulaires des 8 mai 1872, 1ᵉʳ avril 1880, etc. ; circulaire Mouvement général des fonds, nᵒ 486, du 31 décembre 1897.

Les demandes d'achats doivent être adressées directement à la Chambre syndicale des agents de change, à Paris, être établies pour chaque nature de rentes, et, en outre, faites spécialement : 1° pour les titres nominatifs ; 2° pour ceux au porteur. Elles doivent être signées par les parties et toute modification approuvée par une nouvelle signature du déposant et du receveur des finances. Le papier rose est de rigueur.

Copie de l'état récapitulatif des titres de rentes sur l'État à vendre, et adressés directement à la Chambre syndicale des agents de change, à Paris.
Art. 1156, 1159, 1851, etc., instruction générale du 20 juin 1859 ; circulaires des 8 mai 1872 et 24 décembre 1877 ; circulaire Mouvement général des fonds, nᵒ 486, du 31 décembre 1897.

Mêmes remarques que celles ci-dessus pour les achats de rentes.
Les titres de rentes à vendre doivent être annulés entièrement et le cachet d'annulation doit être mis sur tous les coupons.
Il est essentiel, avant l'envoi à la vente, de s'assurer si tous les coupons non échus sont bien adhérents aux titres au porteur. S'il s'agit de titres nominatifs, établir la quittance des termes échus et estampiller de conformité au verso du titre.
Pour les titres mixtes et nominatifs, examiner avec soin si les énonciations des procurations sont bien en rapport avec celles des titres. Le papier rose est de rigueur.

Titres de rentes au porteur, mixtes et nominatifs, déposés par les particuliers pour renouvellement, mutation, réunion, division, conversion, etc., et bordereau d'envoi en double expédition.
Circulaires des 16 août 1876, 31 octobre 1884, § 7, 29 novembre 1881, 26 décembre 1893, etc.

Mêmes remarques que celles faites précédemment pour les titres de rentes à vendre.
Des bordereaux spéciaux doivent être établis pour chaque conversion d'un titre nominatif en rente au porteur et *vice versâ.*

Titres de rentes sur l'État, nominatifs et mixtes, adressés par les percepteurs des contributions directes pour renouvellement, mutation, conversion, etc.
Circulaires des 10 février 1883, 21 mars 1883, 31 octobre 1884, 17 décembre 1884, 26 décembre 1893, etc.

Mêmes remarques que celles énoncées plus haut.
Il est interdit aux percepteurs de servir d'intermédiaires pour le renouvellement ou toute autre opération concernant *les titres de rentes au porteur.*

Chaque jour, s'il y a eu des opérations de constatées. (*Suite.*)

Titres de pensions civiles, militaires, etc., à viser par le trésorier général :
1° lorsqu'il n'a encore été rien touché sur les arrérages ; 2° quand,
après un décès, il y a à liquider le solde des arrérages dus aux héritiers.
*Circulaires des 6 décembre 1833, 4 mai 1885, 14 octobre 1886,
14 janvier 1887, 27 avril 1887, etc.*

Les diverses pièces jointes aux titres doivent être examinées avec le plus grand soin et
tout dossier incomplet doit être rendu aux parties.

Demandes d'achats et de souscriptions de bons du Trésor à long et à
court terme.
Circulaires des 20 mars 1865, 9 août 1875, etc.

Le calcul des intérêts à ajouter aux bons doit être effectué par le receveur des finances
s'il s'agit de bons à court terme demandés par les parties à la suite d'autorisations
d'émissions.
Le taux d'intérêt est toujours notifié aux receveurs des finances par voie télégraphique.

Bons du Trésor à long et à court terme, à vendre, et demandes de ventes.
Circulaires des 20 mars 1865, 9 août 1875, etc.

Faire signer par les parties les demandes de ventes.

Demandes d'achats de titres du Crédit foncier de France, de la Banque
hypothécaire, de la Ville de Paris, etc., et autres valeurs françaises.
*Art. 1611, 1612, instruction générale du 20 juin 1859, etc. ; ins-
truction du Crédit foncier, décembre 1886 ; instructions spéciales
des trésoreries générales.*

Toutes les demandes doivent être signées par les parties.
Il est fait remarquer que, en ce qui concerne les titres du Crédit foncier, il est loisible
aux receveurs des finances de faire effectuer l'opération, soit directement par cet
établissement, soit par l'intermédiaire de l'agent de change de la trésorerie générale.

Titres du Crédit foncier, de la Ville de Paris, etc., et autres valeurs fran-
çaises déposés pour vente, renouvellement, etc., et bordereau à l'appui.
*Circulaires des 9 mars 1881, 19 avril 1884, etc., instruction du
Crédit foncier, décembre 1886, etc.*

Mêmes remarques que celles faites pour les achats.
Toutes les demandes doivent être clairement énoncées et, suivant les cas, appuyées des
justifications pouvant en permettre le transfert.
A cet effet, des imprimés spéciaux sont fournis par le Crédit foncier et la Ville de Paris.
Les receveurs des finances doivent s'en approvisionner gratuitement.

Demandes de remboursements de bons du Trésor.
Circulaires des 20 mars 1865 et 9 août 1875.

Demandes à signer par les parties.

Chaque jour, s'il y a eu des opérations de constatées. *(Suite.)*

Demandes de remboursements de titres de rentes sur l'État 3 p. 100 amortissable et titres à l'appui.

> *Circulaires des 1ᵉʳ décembre 1878, 1ᵉʳ avril 1879, 10 février 1883, 25 juillet 1883, etc.*

S'assurer si les titres présentés font bien partie des séries remboursables.

Faire signer la demande et certifier la signature.

De plus, les titres de rentes à rembourser, dûment annulés (s'ils sont au porteur), doivent être acquittés au recto, avant l'envoi au Trésor.

Relevé des versements effectués pour le compte des Facultés de l'État et bulletins de versements à l'appui.

> *Circulaires des 17 février 1883, etc.*

Il doit être établi un relevé spécial pour les recettes de chaque Faculté.

Déclarations de versements des recettes effectuées pour le compte des écoles du Gouvernement.

> *Art. 273, 384, etc., instruction générale du 20 juin 1859.*

Il est recommandé expressément d'envoyer exactement ce document.

Déclarations de versements des recettes effectuées pour le compte de l'agent judiciaire du Trésor.

Même remarque que ci-dessus.

Bulletins d'annuités des taxes de brevets d'invention.

> *Art. 378, 379, etc., instruction générale du 20 juin 1859 ; circulaire du 15 décembre 1897.*

Dans certains départements, ces bulletins ne sont adressés que par dizaines.

Les receveurs des finances doivent se faire représenter : 1° la 1ʳᵉ année, la demande de brevet ; 2° les années suivantes, le brevet lui-même pour l'établissement de leur récépissé et du bulletin énoncé ci-contre.

Accusés de réception des titres de recettes et autres documents reçus de la trésorerie générale, titres déposés pour remboursement et dont la recette est constatée au compte : Divers, L/C de valeurs remises à l'encaissement, etc.

> *Circulaires des 8 février 1873, etc.*

Se conformer aux instructions spéciales de chaque trésorerie générale.

Titres et valeurs reçus au compte : Rentes et valeurs mobilières (Service de la Caisse des dépôts et consignations).

> *Circulaires des 20 décembre 1875, 15 octobre 1877, etc.*

Annexer aux titres : 1° une fiche signée par le déposant, un bordereau d'envoi et un état fixant les droits de garde calculés au dernier cours moyen de la Bourse.

Les titres de rentes sur l'État au porteur doivent être annulés, à l'exception du dernier coupon, si son échéance est très proche. Consulter l'instruction spéciale en ce qui concerne les titres 3 p. 100 amortissable.

Chaque jour, s'il y a eu des opérations de constatées. *(Suite.)*

Valeurs à l'encaissement.

Établir un relevé détaillé des mandats ou valeurs, suivant modèle indiqué par la trésorerie générale.

Rentes à encaisser.

Art. 681, 1160, etc., instruction générale du 20 juin 1859.

Veiller à la bonne inscription des séries.

Documents remis par les déposants pour obtenir le retrait des rentes et valeurs mobilières déposées à la Caisse des dépôts et consignations.

Caisse des dépôts et consignations, circulaires des 8 février 1873, 15 octobre 1877, etc.

Ces natures d'opérations s'appliquent généralement à des retraits de consignations pour successions diverses, cautionnements d'adjudicataires, cautionnements de surenchères sur immeubles, etc.

Les receveurs des finances doivent s'assurer que les dossiers sont complètement réguliers pour éviter un renvoi par la Caisse des dépôts et consignations et qui les exposerait à des récriminations du public déposant.

Ordres de ventes de valeurs étrangères s'ils sont accompagnés d'ordres d'achats simultanés pour une somme équivalente de rentes françaises, de valeurs du Trésor ou de fonds directement garantis par le gouvernement français : obligations tunisiennes, obligations de l'emprunt du Tonkin et de l'emprunt de Madagascar.

Circulaire du 31 décembre 1897.

Les demandes d'achats et de ventes doivent être signées par les parties.

Chaque jour, s'il y a eu des opérations de constatées. (*Suite.*)

Chaque jour, s'il y a eu des opérations de constatées. (*Suite.*)

Par dizaine, aux dates prescrites par chaque trésorier général.

Copie du Livre-Journal.

> *Art. 1585 à 1588, 1636 à 1711, 1753 à 1755, instruction générale du 20 juin 1859.*

Les additions doivent être vérifiées avec le plus grand soin.

Dépouillement des recettes et des annulations de recettes constatées au Livre-Journal aux comptes des contributions et revenus publics, comptes de trésorerie et correspondants de la trésorerie générale.

> *Modèle 354, art. 1369, 1736 et 1737, instruction générale du 20 juin 1859.*

Ce dépouillement doit être commencé dès le premier jour de la dizaine, de façon à être terminé facilement le 10ᵉ jour et permettre le transport rapide des écritures.

Pièces de dépenses publiques de la trésorerie, quittances de rentes nominatives, coupons de rentes mixtes et au porteur, etc.

> *Art. 711, etc., instruction générale du 20 juin 1859 ; circulaires des 21 octobre 1867, etc. Pour les ordonnances de décharge, art. 210, instruction générale du 20 juin 1859 et circulaires des 28 octobre 1896 et 16 janvier 1897.*

1° Les ordonnances de décharge doivent être accompagnées des quittances à souche des percepteurs ;
2° Les dépenses publiques et de trésorerie doivent être relevées par ministères et dans l'ordre numérique et une récapitulation générale termine ce travail ;
3° Les quittances de rentes nominatives sont relevées par séries, avec récapitulation générale ;
4° Les coupons de rentes au porteur sont relevés par échéances, par nature de rentes, par catégorie d'arrérages, et enfin sont transcrits dans l'ordre numérique.

Titres de perception des recettes effectuées sur les comptes : Pensions civiles (percepteurs des contributions directes et agents divers), reversement de fonds sur les dépenses des ministères, recettes accidentelles à différents titres, recouvrements poursuivis par l'agent judiciaire du Trésor, dépenses des écoles normales primaires, fonds de concours pour dépenses publiques, etc.

> *Art. 353 à 357, 1845, etc., instruction générale du 20 juin 1859 ; circulaires des 10 novembre 1880, 23 mai 1881, 16 août 1884, 31 mars 1890, etc.*

Une fiche spéciale doit récapituler les titres afférents à chaque nature de recette.

Titres de perception des recettes sur produits universitaires.

> *Circulaire du 17 février 1883, etc.*

Une fiche spéciale doit être établie pour chaque Faculté.

Par dizaine, etc. (*Suite.*)

Bordereau récapitulatif des recettes effectuées sur amendes et condamnations pécuniaires.

Amendes, art. 525, instruction du 5 juillet 1895.

Annexer le détail par perception.

Contraintes extérieures recouvrées.

Art. 1131 à 1137, 1622, 1846, etc., instruction générale du 20 juin 1859.

Établir une fiche donnant le nom des perceptions, le numéro des contraintes et le numéro du récépissé de la recette des finances.

Commissions extérieures recouvrées.

Amendes, circulaire du 17 novembre 1879 et instruction amendes du 5 juillet 1895, art. 145 et suivants.

Mêmes remarques que ci-dessus.

Relevé des excédents de versements sur contributions directes et taxes assimilées.

Art. 209 à 213, 1619, 1621, 1847, etc., instruction générale du 20 juin 1859.

Ce relevé est la copie textuelle du carnet à tenir par les receveurs des finances.

Relevés, établis par les percepteurs, des recettes sur permis de chasse.

Art. 597, etc., instruction générale du 20 juin 1859.

Établir à l'appui une fiche récapitulatrice par exercice.

Pièces de dépenses spéciales au Crédit foncier de France, Banque hypothécaire, Société algérienne et à la Ville de Paris.

Instructions spéciales du Crédit foncier et de la Ville de Paris, transmises par la trésorerie générale.

Des bordereaux spéciaux sont établis pour chaque emprunt et chaque échéance, avec récapitulation générale.

Tous les coupons doivent être perforés ou annulés.

Les quittances de remboursement sont divisées en deux parties : 1° paiements ordonnancés ; 2° paiements à présentation.

Relevés des opérations de l'Annam et du Tonkin. Recettes et dépenses. Paiements de coupons. Remboursement d'obligations.

Circulaire du 26 janvier 1897.

Établir avec soin les bordereaux récapitulatifs et apposer le sceau de la recette des finances.

Avis général de débit et de crédit.

Modèle 349 modifié, art. 1696, 1697, 1700, etc., instruction générale du 20 juin 1859 ; circulaires du 21 octobre 1867, etc.

L'établissement de ce document demande la plus grande attention. Il est essentiel d'en conserver tous les soldes pour les reproduire sur celui de la dizaine suivante.

On doit annexer à l'avis général de débit et de crédit les quittances de fonds de subvention remis aux percepteurs pendant le courant de la dizaine.

Par dizaine, etc. (*Suite.*)

Relevés, établis par les percepteurs des contributions directes, des recettes effectuées au Compte : Locations verbales.
Circulaires des 23 novembre 1871 et 4 mars 1881.

Établir un état récapitulatif donnant les résultats de chaque perception.

Relevés des recettes effectuées au compte : Redevances pour certificats généalogiques d'animaux.
Circulaire du 27 avril 1887.

Annexer un relevé très détaillé de la nature de la recette.

Ordres de versements au compte : Produits universitaires (enseignement primaire) et relevés en double expédition établis par les percepteurs.
Circulaire du 10 mai 1887.

Établir un bordereau récapitulatif, en double expédition.
Les bordereaux des percepteurs doivent aussi être établis par quotité de 10 fr. et 20 fr., brevet simple et brevet supérieur.

Titres de perception des Pensions civiles encaissées pour le compte du receveur central de la Seine.
Circulaires des 31 mars 1890, § 2, et 27 mai 1891, § 1, modifiées par celles des 17 juillet 1897 et 15 décembre 1897.

Dans quelques départements, il est annexé des déclarations de versements.

Titres de perception sur autres recettes de la dizaine.
Circulaire du 23 novembre 1861.

Si quelques produits ne peuvent être recouvrés, retourner cependant les titres, avec indication des motifs de non-recouvrement.

Relevés des recettes au compte : Droits de passeports à l'étranger, effectuées par les percepteurs et bordereaux de ces comptables.
Art. 1119, 1120, 1857, etc., instruction générale du 20 juin 1859.

Les relevés des percepteurs dûment certifiés par les receveurs des finances, sont récapitulés sur une fiche spéciale.

Bordereaux des placements au Trésor effectués par les percepteurs-receveurs municipaux et les receveurs spéciaux.
Art. 756, 757, 758, instruction générale du 20 juin 1859 et circulaire du 9 décembre 1879.

Veiller avec soin au calcul des nombres.
Ces bordereaux ne sont du reste que la copie du livre de détail des placements, etc., au Trésor.

Par dizaine, etc. (*Suite.*)

Bordereaux des remboursements des fonds placés au Trésor, avec tous les mandats de remboursements émis par les maires, préfets et sous-préfets, autres ordonnateurs et acquittés par les comptables.

Art. 756, 757, 758, instruction générale du 20 juin 1859 et circulaire du 9 décembre 1879.

Mêmes remarques que ci-dessus.

Examiner avec attention si les mandats émis par le Préfet et le Sous-Préfet sont bien visés par les Maires et s'assurer si tous les fonctionnaires et magistrats ont bien apposé leur sceau.

Bordereaux des placements de fonds et des remboursements de fonds des fabriques.

Décret du 27 mars 1893, instruction ministérielle du 15 décembre 1893 ; circulaires des 1er août 1896, § 7, et 16 janvier 1897, § 3.

Au sujet de cette comptabilité spéciale, il est fait remarquer que pour éviter des dérangements aux trésoriers des fabriques éloignées, le concours des percepteurs pourra être utilisé. Ils recevront les placements au Compte « Fonds de subvention » et en aviseront le receveur des finances qui créditera le Compte « Placements de fonds avec intérêts » par le débit du Compte « Percepteurs, L/Comptes de fonds de subvention » et adressera son récépissé au percepteur, lequel l'échangera contre la quittance délivrée à la partie. Quant aux mandats de remboursements, lorsqu'ils auront été autorisés par l'évêque ou l'un des vicaires généraux agréés, ils seront envoyés par les percepteurs au receveur des finances qui les revêtira de son cachet « Vu bon à payer ». Les percepteurs devront ensuite les comprendre dans un très prochain versement.

Copies des déclarations de consignations transcrites sur les livres-sommiers de la Caisse des dépôts et consignations (consignations judiciaires et administratives : 1° en numéraire ; 2° en rentes et valeurs mobilières).

Instruction Caisse des dépôts et consignations, 1er décembre 1877 ; circulaire du 26 décembre 1896.

Toutes les copies de déclarations doivent porter en tête le numéro du compte de chaque consignation. Comme elles doivent être transcrites à Paris, sur les registres de la Direction générale, elles doivent être collationnées avec le plus grand soin.

Déclarations de versements de toutes les recettes relatives à la Caisse des dépôts et consignations.

Circulaire de la comptabilité publique du 26 décembre 1896.

Établir une récapitulation par natures spéciales de recettes.

Bordereau des versements reçus pour le compte des caisses d'assurances en cas de décès et d'accidents.

1° Décès : lois des 11 juillet 1868 et 26 juillet 1893 ; 2° Accidents : loi du 11 juillet 1868, décret du 10 août 1868, instruction générale de la Caisse des dépôts du 1er décembre 1868.

Annexer toutes les pièces justificatives à l'appui.

Par dizaine, etc. (*Suite*).

Situations journalières des Caisses d'épargne.
Instruction de la Caisse des dépôts du 15 janvier 1878.

Les caissiers doivent établir une situation chaque jour où ils effectuent des opérations réelles, soit en recette, soit en dépense.

Relevés des recettes effectuées pour les comptes ci-après : 1° établissements publics et assimilés ; 2° séquestres et mandataires de justice ; 3° notaires ; 4° pensions de retraites sur fonds spéciaux.

Relevés des dépenses effectuées sur les mêmes comptes :
1° Établissements publics, séquestres et mandataires de justice (circulaire du 24 décembre 1889) ; 2° notaires (circulaire du 21 avril 1890) ; 3° pensions de retraites (instruction du 30 novembre 1877 et circulaire du 29 décembre 1892).

En réalité, les documents désignés ci-contre devraient être mensuels, mais beaucoup de trésoreries générales les font produire par dizaine afin de vérifier plus rapidement les opérations des recettes des finances qui s'arrêtent par dizaines.

État des versements au compte : Cotisations municipales et particulières (§ 15, fonds commun provenant des amendes de répression).
Modèle n° 93, instruction du 5 juillet 1895 (Amendes).

Cet état doit donner un détail très complet pour chaque perception.

Reconnaissances, dûment émargées et acquittées, des titres de rentes achetés remis aux parties.
Circulaires des 20 mars 1865 et 10 juin 1884.

A relever dans l'ordre numérique des reconnaissances.

Reconnaissances, dûment émargées : 1° des titres de rentes nominatifs ; 2° des titres de rentes mixtes et au porteur *échangés* remis aux parties.
Circulaires des 29 novembre 1881 et 31 octobre 1884.

Inscrire les reconnaissances dans l'ordre numérique des carnets à souche.

Reconnaissances, dûment émargées, des titres du Crédit foncier de France et valeurs françaises remises aux parties.
Instruction générale du Crédit foncier, décembre 1886.

Établir des fiches spéciales pour chaque nature de récépissés du Crédit foncier et une spéciale pour les valeurs françaises.

Feuilles individuelles et bordereau récapitulatif des sommes encaissées pour emprunts effectués par le Crédit foncier de France.
Instruction générale du Crédit foncier, décembre 1886.

Le total du bordereau récapitulatif doit être d'accord avec les opérations de la dizaine constatées au Grand-Livre.

Par dizaine, etc. (*Suite.*)

Feuilles individuelles et bordereau récapitulatif des sommes encaissées pour emprunts effectués par la Ville de Paris.
Instructions spéciales de la trésorerie générale.
Mêmes remarques que ci-dessus.

(A titre éventuel.) Relevés spéciaux des recettes et des dépenses effectuées pour le compte des fonds particuliers de la trésorerie générale.
Instructions spéciales de chaque trésorier général.
Mêmes remarques que ci-dessus.
Au relevé des dépenses annexer tous les acquits des parties.

Bordereau des mandats émis sur le trésorier général (service public non sujet au timbre, non négociable).
Art. 1144, 1624, 1855, etc., instruction générale du 20 juin 1859 ; circulaires des 8 août 1850, 19 février 1874, 7 février 1884 et 15 décembre 1897.
Contrôler exactement les totaux avec les écritures de la dizaine.
Le timbre sec de la recette des finances doit être apposé sur tous les mandats.

Relevé détaillé, pour compte, des recettes ayant donné lieu à la délivrance de récépissés.
Circulaires des 26 décembre 1896, § 14, et 13 mars 1897, § 1.
Dans quelques trésoreries générales, il a été substitué à ce relevé une copie textuelle de tous les articles passés au Livre-Journal.

Relevé des souscriptions reçues pour le patronage de la Légion d'honneur.
Circulaire du 31 mai 1897.
Joindre les listes en double expédition.

Par dizaine, etc. (*Suite.*)

Par dizaine, etc. (*Suite.*)

Par mois.

Le 1er.

Bordereau récapitulatif des pièces de 5 francs or retirées de la circulation et déposées à la Banque de France, pendant le mois écoulé.

Circulaire du 10 août 1886.

État exigé seulement dans un certain nombre de départements.

Bordereau récapitulatif des billets de banque de 50 francs (émission 1864) retirés de la circulation et déposés à la Banque de France pendant le mois écoulé.

Circulaire du 20 février 1886.

Mêmes remarques que ci-dessus.

Le 2.

Résumé de la situation générale du recouvrement des contributions directes, taxes assimilées et frais de poursuites, au dernier jour du mois précédent.

Art. 1294, 1295, etc., instruction générale du 20 juin 1859; circulaires des 16 juillet 1874, 12 janvier 1883, etc.

Ce résumé s'établit au moyen des bordereaux de situations sommaires des percepteurs mod. 308, qui doivent toujours être parvenus à la recette des finances le 2, au matin.

Le 5.

Résumé des procès-verbaux de vérification des percepteurs-receveurs municipaux, en double expédition, et lettre d'envoi.

Art. 1297, 1307, 1308, etc., instruction générale du 20 juin 1859; circulaires des 28 octobre 1896 et 17 juillet 1897.

Ces résumés doivent être établis avec le plus grand soin. Les notes doivent être concises. Si des faits spéciaux et d'une nature grave doivent être consignés, il y a lieu de les relever au verso.

Résumé des procès-verbaux de vérification des receveurs spéciaux, en double expédition, et lettre d'envoi.

Art. 1317, etc., instruction générale du 20 juin 1859; circulaires des 28 octobre 1896 et 17 juillet 1897.

Mêmes remarques.

Mentionner surtout si l'attention des maires et présidents des commissions administratives a été appelée sur les faits de désordre ou de négligence constatés dans les procès-verbaux.

Le 10.

Bordereaux d'envois des extraits de jugements transmis par les greffiers des tribunaux correctionnels, de simple police, et bordereau récapitulatif à l'appui.

(Amendes.) Art. 22, instruction du 20 septembre 1875, et 118 ins-

Par mois. (*Suite.*)

> *truction du 5 juillet 1895 ; circulaires des 22 décembre 1879, 27 mars 1880, 30 décembre 1890.*

Ces documents sont accompagnés des états de retardataires soumis aux juges de paix et commissaires de police pour apprécier la signification ou la non signification des extraits provisoires non recouvrés dans le mois qui a suivi leur réception par les percepteurs. — Les extraits provisoires non recouvrés sont annexés aux états de retardataires.

Le 10.

État des relevés de jugements de condamnations pécuniaires dont les extraits de jugements ont été inscrits pendant l'avant-dernier mois écoulé.

> (*Amendes.*) *Modèle n° 11. Art. 75, 158, 197, 545, 550, instruction du 5 juillet 1895.*

La copie de ce relevé général doit être conservée pour servir de point de repère aux vérifications ultérieures des prises en charge.

Bordereau détaillé des recettes effectuées : 1° pour le compte des divers établissements ; 2° pour les séquestres et mandataires de justice (*Modèle n° 2. Caisse des dépôts. Circulaire du 24 décembre 1889, § 10*) ; 3° pour les notaires (*Modèle n° 2. Caisse des dépôts. Circulaires des 24 décembre 1889, § 14, et 21 avril 1890*) ; 4° pour pensions de retraites sur fonds spéciaux (*Modèle n° 1. Caisse des dépôts. Instruction générale du 30 novembre 1877 et circulaire du 29 décembre 1892.*

Dans les départements où les bordereaux indiqués ci-contre sont demandés par dizaines, les trésoriers généraux en dispensent la production mensuelle.

Calculer exactement les nombres, qui servent de base pour fixer les intérêts, en fin d'exercice.

Bordereaux détaillés des dépenses effectuées pour les quatre comptes ci-dessus mentionnés.

> *Caisse des dépôts et consignations, modèles n° 3, mêmes instructions et circulaires.*

Mêmes remarques que ci-dessus.

Bordereaux détaillés des recettes effectuées pour le compte des : Sociétés de secours mutuels approuvées, leur compte de fonds de retraites.

> *Caisse des dépôts et consignations, modèle n° 8, instruction du 30 novembre 1877 et circulaire du 29 décembre 1892.*

Mêmes remarques que ci-dessus.

Du 10 au 15.

Retour des états de la direction des contributions directes, modèles A et B (réclamations du mois précédent et rejets de ces réclamations) communiqués aux percepteurs du 5 au 10.

> *Circulaire de la Direction des contributions directes n° 871 du 30 avril 1895.*

Par mois. (*Suite.*)

> Veiller à ce que les percepteurs ruraux prennent bien note de toutes les décisions du directeur des contributions directes.
>
> Quant aux percepteurs de villes où il existe des contrôleurs, ils doivent prendre note des mêmes renseignements sur les registres de ces derniers fonctionnaires.

Le 22.

Balance des comptes du Grand-Livre pour le ministère des finances (comptabilité publique).

> *Modèle 354 modifié, art. 1369, 1585 à 1588, 1636 à 1711, instruction générale du 20 juin 1859 ; circulaires des 31 mai 1862, 26 décembre 1896, etc.*
>
> **A la date du 20 du mois.**

Il est nécessaire d'apporter le plus grand soin dans le développement des comptes de cet important document.

Balance des comptes du Grand-Livre pour la trésorerie générale au 20 du mois courant.

> *Mêmes instructions que ci-dessus.*

Mêmes remarques que ci-dessus.

NOTA.

Prendre bien note que pour le mois de décembre de chaque année, la balance des comptes du Grand-Livre ne s'établit qu'à la date du 31 décembre et n'est envoyée ensuite que le 2 janvier suivant.

Relevé détaillé des recettes effectuées au compte des Cotisations municipales et particulières.

> *Circulaire du 15 janvier 1868.*

Diviser exactement les recettes entre les 15 paragraphes de ce compte et même mentionner tous les sous-titres.

Relevé détaillé des recettes effectuées sur produits éventuels départementaux.

> *Modèle n° 48, instruction du 6 décembre 1870, circulaire du 20 novembre 1877 et règlement du 12 juillet 1893.*

Mêmes remarques que ci-dessus.
Classer les recettes avec méthode.

Relevé spécial des recouvrements effectués sur les ressources éventuelles du service vicinal.

> *Modèle n° 50, règlement du 12 juillet 1893.*

Mêmes remarques que ci-dessus.
En plus, classer les recettes dans l'ordre numérique des chemins et lignes diverses.

Par mois. (*Suite.*)

Copie du compte courant du trésorier général.
Art. 1701, instruction générale du 20 juin 1859.
Une minute de ce document doit toujours exister à la recette des finances.

Bordereau des sommes reçues au compte de la Caisse nationale des retraites pour la vieillesse par les receveurs des finances et les percepteurs.
Recettes centralisées par les receveurs des finances (modèle n° 2, § 3, circulaire du 10 avril 1890.
Il n'y a aucune pièce à joindre à cet état, toutes les justifications étant envoyées chaque dizaine à la Caisse des dépôts et consignations.

Le 30.

Bordereau détaillé des recouvrements au compte : Obligations communales et départementales de la Caisse des retraites.
Modèle n° 1, Caisse des dépôts, circulaire du 9 juillet 1890.
Dans beaucoup de départements ce bordereau est établi par dizaine.

Bordereau détaillé des recettes au compte : Recouvrements de valeurs souscrites en garantie de prêts.
Caisse des dépôts et consignations, modèle n° 1, circulaire du 27 décembre 1890.
Même remarque.

Bordereau détaillé des placements des caisses d'épargne.
Caisse des dépôts et consignations, instruction du 15 janvier 1878 et modèle n° 1, circulaire du 4 juillet 1891, §§ 3 et 4.
Ce bordereau est la copie textuelle du livre des comptes courants de chaque caisse d'épargne.
Un total est effectué pour chacune d'elles avec récapitulation générale.

Bordereau détaillé des remboursements des caisses d'épargne.
Caisse des dépôts et consignations, instruction du 15 janvier 1878 et modèle n° 2, circulaire du 4 juillet 1891, §§ 3 et 4.
Mêmes remarques.

Relevé des opérations d'ordre effectuées pour les comptes des consignations judiciaires et administratives, tant en numéraire qu'en rentes et valeurs mobilières.
Caisse des dépôts et consignations, modèle n° 4, circulaire du 10 juillet 1894.
Conserver une copie de ces documents pour établir en fin d'année la balance générale des comptes.

Relevé des pièces de 5 francs argent versées à la Banque de France ou employées dans les paiements.
Circulaires spéciales des trésoreries générales.
Travail de statistique demandé pour se rendre compte du mouvement de l'argent.

Par mois. (*Suite.*)

> Pour les ports de mer : *Rochefort, Saint-Malo, Cherbourg, Dunkerque, Lorient* et *le Havre.*
>
> Relevé des dépenses, par articles du budget : 1° service de la marine ; 2° service colonial.
>
> *Circulaire du 30 avril 1897, § 1.*

État spécial aux six ports désignés ci-contre.

> Primata des reçus de la Banque de France remis par les Percepteurs.
>
> *Circulaire du 31 décembre 1897, § 2.*

A envoyer pour les percepteurs désignés spécialement pour entrer en relations avec la Banque de France.

Par mois. (*Suite.*)

Par mois. *(Suite.)*

Par trimestre.

Les 1er janvier, 1er avril, 1er juillet, 1er octobre.

Amendes. Certificats de réduction (modèle 80) et déclaration de versement tant au compte : Produit des amendes et condamnations pécuniaires *pour l'extrait de jugement,* tant au compte : Cotisations municipales et particulières du coût de l'extrait (modèle 81).

Art. 514, instruction du 5 juillet 1895.

Ces documents ne s'appliquent qu'aux erreurs relevées par l'Enregistrement et ne s'établissent, bien entendu, que s'il en a été relevé. Dans la négative, s'abstenir de tout envoi de certificat.

Les 5 avril, 5 juillet, 5 octobre, 20 décembre.

Relevés trimestriels des patentes délivrées par anticipation, établis par les percepteurs.

Circulaire C. P. du 4 avril 1889, § 1.

À établir seulement par les percepteurs délégués spécialement à cet effet par l'Administration.

Les 5 janvier, 5 avril, 5 juillet, 5 octobre.

États des poursuites à exercer par les percepteurs contre les délinquants forestiers insolvables et désignés par le conservateur pour être incarcérés.

Amendes, modèle 52, art. 350, instruction du 5 juillet 1895.

À établir en double expédition dans les perceptions où le cas s'est présenté.

États d'attribution au profit de la gendarmerie et des agents divers sur amendes de roulage et de grande voirie *recouvrées.*

Amendes, art. 354, 356, 359, 363, 404, 408, 411, instruction du 20 septembre 1875, modèle 72, art. 496, instruction du 5 juillet 1895.

Ces états s'établissent en double expédition.
Il est alloué 1 fr. 25 par article recouvré.

États d'attribution au profit de la gendarmerie et des agents divers sur amendes de chasse *prononcées* et sur amendes de pêche *prononcées.*

Amendes, modèle n° 74, art. 502, instruction du 5 juillet 1895.

Ces états sont établis en double expédition.
Il est alloué 10 fr. aux agents pour chaque condamnation prononcée. S'il y a plusieurs agents, ils se partagent cette attribution. S'il y a plusieurs individus sur un même jugement, les agents ont droit à autant d'indemnités de 10 fr. qu'il y a de condamnés.

Situation des recouvrements.

Amendes, art. 438, instruction du 20 septembre 1875, circulaires des 27 mars 1880, 21 janvier 1884, 4 mars 1890.

Facultative dans beaucoup de départements.

Par trimestre. (*Suite.*)

Mémoires adressés par les greffiers du tribunal correctionnel et des tribunaux de simple police pour le paiement des frais d'extraits de jugements.

Amendes, art. 330, instruction du 20 septembre 1875, circulaire du 30 décembre 1890, art. 490, instruction du 5 juillet 1895.

Ces documents doivent être vérifiés avec le plus grand soin et une minute conservée par le receveur des finances.

Relevés des boissons fournies aux établissements de bienfaisance, établis par les percepteurs et les receveurs spéciaux.

Circulaires des 14 janvier 1887 et 15 décembre 1896.

Veiller à ce que toutes les fournitures de liquides ayant donné lieu à l'intervention de la régie soient portées sur des documents. Les vinaigres doivent y figurer.

Procès-verbaux de vérification des caisses d'épargne en double expédition.

Circulaire du 31 décembre 1852, art. 1418, instruction générale du 20 juin 1859 ; Caisse des dépôts, instruction du 15 janvier 1878, loi du 9 avril 1881, instruction du 10 mars 1893.

Pour les 3 premiers trimestres, si le service est en bon état, il n'y a à relever que l'état de caisse et la balance du grand-livre. Pour le quatrième trimestre, il doit être procédé à fond à la vérification de tout le service.

Les 25 mars, 25 juin, 25 septembre, 31 décembre.

Bordereau des mandats émis pour le compte du Trésorier général.

Art. 747, 1624, 1625, 1855, etc., instruction générale du 20 juin 1859, circulaires des 8 août 1850, 19 février 1874, 10 décembre 1864, 7 février 1884 et 15 décembre 1897.

Les bordereaux du deuxième au quatrième trimestre doivent reproduire tous les totaux antérieurs. Les bordereaux partent du 1er janvier au 20 mars pour le premier trimestre ; du 20 au 20 pour les deux trimestres suivants, et enfin du 20 septembre au 31 décembre pour le quatrième trimestre.

Aux mêmes dates que ci-dessus et le 25 février pour les mandats de solde des allocations de l'exercice précédent.

Mandats d'allocations aux communes sur centimes ordinaires, extraordinaires, chemins vicinaux, frais de perception, attributions sur patentes, chevaux et voitures, vélocipèdes (pour être soumis à la signature des préfets).

Art. 166, 173, 176, 199, etc., instruction générale du 20 juin 1859, circulaire de la Comptabilité publique du 10 juillet 1891, § 3.

Dans beaucoup de départements, les receveurs des finances sont autorisés à passer en dépenses les mandats d'allocations avant la signature des préfets.
Ces mandats doivent être relevés avec soin sur les registres de la recette des finances.

Par trimestre. (*Suite.*)

> **Les 25 mars, 25 juin, 25 septembre, 25 décembre.**
>
> Mandat des indemnités dues aux agents de poursuites et bordereau de ces indemnités.
>
> > *Circulaire du 29 septembre 1861.*
>
> Le bordereau des indemnités comporte les notes spéciales du receveur des finances sur le service des agents.
>
> Le mandat est envoyé au visa du trésorier général qui y mentionne les oppositions, s'il y a lieu, et le fait viser par le préfet.
>
> Les retenues pour la caisse des retraites portées semestriellement sur les états sont encaissées au compte de la Caisse des dépôts, L/ C de versements des intermédiaires, puis transportées collectivement en fin de dizaine au compte de la caisse des retraites.

> **Les 25 janvier, 25 avril, 25 juillet, 25 octobre.**
>
> Retour, *après vérification avec les carnets de la Caisse des dépôts et consignations,* des relevés des faillites et liquidations judiciaires établis par les greffiers des tribunaux de commerce.
>
> > *Caisse des dépôts et consignations, circulaire n° 62, 21 janvier 1892, § 1.*
>
> Lorsque des différences ou des omissions sont reconnues par le receveur des finances, il doit en aviser M. le Procureur de la République, seul chargé de leur régularisation par la circulaire du 21 janvier 1892.
>
> Retour, *après vérification avec les livres-sommiers de la Caisse des dépôts et consignations,* des relevés détaillés des ventes mobilières effectuées par les huissiers et les commissaires-priseurs.
>
> > *Caisse des dépôts, circulaire du 21 janvier 1892.*
>
> Mêmes remarques.
>
> Il importe aux receveurs des finances de signaler les officiers ministériels qui conserveraient trop longtemps par devers eux le reliquat des ventes mobilières frappées d'oppositions, au lieu d'en verser le montant à la Caisse des dépôts et consignations.

> **Les 15 mai, 15 août, 15 novembre, 15 février.**
>
> Relevé des condamnations forestières.
>
> > *Amendes, circulaires des 19 juin 1877, § 6, 22 décembre 1879, § 2, modèle de l'article 128 de l'instruction du 5 juillet 1895.*
>
> À établir en double expédition par les comptables qui ont des prises en charge de cette nature.

Par trimestre. (*Suite.*)

Par trimestre. (*Suite.*)

Par semestre.

Les 30 juin et 31 décembre.

Balance des placements au Trésor avec intérêts, pour les communes et établissements, et sans intérêts pour quelques établissements.

Art. 1718, 2107, 2187, etc., instruction générale du 20 juin 1859.

Ces balances, en double expédition, sont le résumé complet des livres de comptes courants tenus par les receveurs des finances.

Feuille de signalement du percepteur surnuméraire.

Art. 1216, instruction générale du 20 juin 1859.

A établir en triple expédition.

Les receveurs des finances ne doivent pas hésiter à mentionner scrupuleusement la conduite et les aptitudes de travail du surnuméraire. Ils doivent se renseigner auprès du percepteur chez lequel le surnuméraire-percepteur est accrédité.

Les 30 juin et 30 novembre.

États des paiements effectués sur adjudications et marchés établis par les percepteurs :

1° Pour l'enregistrement.

Circulaires des 10 juillet 1865, 10 mars 1876, 25 avril 1882, 31 mars 1887, § 8.

2° Pour le directeur des contributions directes.

Circulaires C. P. des 10 juillet 1891, § 1, 15 décembre 1896, § 1.

En raison de l'importance de ces états, des instructions sévères devront être données aux percepteurs pour leur établissement.

Les adjudications devront être relevées avec soin et les paiements indiqués exactement.

Les adresses des entrepreneurs devront être transcrites et une ligne en blanc devra être laissée entre chaque paiement sur un article différent du budget.

Les 5 janvier et 5 juillet.

États des paiements faits pour le compte des Invalides de la marine établis par les percepteurs.

Circulaire du 15 mai 1822, art. 1964, instruction générale du 20 juin 1859 ; décret du 17 novembre 1885.

Les percepteurs doivent établir le décompte des remises qui leur reviennent pour le paiement des dépenses de cette nature.

Situation de dépôt au Trésor des fonds des communes et établissements (hospices, bureaux de bienfaisance, syndicats, monts-de-piété, fabriques, etc.).

Décret du 4 janvier 1897, art. 3, modèle n° 1, circulaire du 13 mars 1897.

Cette situation donne le résumé total du chiffre de chaque perception ou de chaque groupe composant une recette spéciale.

Par semestre. (*Suite.*)

État des consignations (voies navigables).

> *Amendes, modèle 78, circulaire du 11 mars 1880, §§ 5 et 6, art. 24,*
> *instruction du 5 juillet 1895.*

État spécial à quelques perceptions.

1° 20 jours avant la tournée générale des mutations ; 2° du 1ᵉʳ au 5 novembre.

Extraits des cahiers de notes établis par les percepteurs.

> *Art. 25, 37, 42, instruction générale du 20 juin 1859. Art. 33, ins-*
> *truction sur les mutations du 2 mars 1886, circulaire n° 876, du*
> *8 juillet 1895, du directeur général des contributions directes.*

Ce service doit être surveillé avec soin par les receveurs des finances, beaucoup de percepteurs étant très portés à le négliger et à oublier qu'ils sont les principaux auxiliaires du service des contributions directes.

Les 10 janvier et 10 juillet.

Relevé des retenues faites au porteur de contraintes pour le compte de la Caisse nationale des retraites pour la vieillesse.

> *Circulaire des 23 septembre 1861 et 1ᵉʳ août 1877.*

En dehors des retenues semestrielles obligatoires, les porteurs de contraintes peuvent encore opérer des versements volontaires, afin d'augmenter la rente viagère qui leur reviendra ultérieurement.

Par semestre. (*Suite.*)

Par semestre. (*Suite.*)

Par année.

Du 1ᵉʳ au 20 janvier.

Titre de perception provisoire pour les frais d'extraits ou de jugements.

Amendes, modèle 89, art. 561, instruction du 5 juillet 1895.

Envoyer autant que possible avant le 10.

Décompte des remises des percepteurs sur amendes recouvrées pendant l'exercice précédent.

Amendes, art. 447, modèle 64, instruction du 5 juillet 1895.

Ce décompte comprend toutes les recettes effectuées pendant l'année entière sur les titres de l'exercice courant et pendant les deux premiers mois sur ceux de l'exercice expiré.

Décompte des frais d'avertissements dus aux percepteurs.

Amendes, art. 470, modèle 66, instruction du 5 juillet 1895.

Il revient 2 centimes par article pris en charge, mais ne sont pas comptés les articles provenant des reports des surséances et ceux reportés de l'exercice précédent comme susceptibles de recouvrement.

Relevé des comptes trentenaires abandonnés par les titulaires de livrets de caisses d'épargne.

Caisse des dépôts et consignations, circulaire du 29 août 1853, instruction du 15 juin 1878, circulaire du 24 avril 1896, § 2.

Annexer les journaux dans lesquels ont été effectuées les publications légales. Par circulaire du 24 mars 1897, de M. le Ministre du commerce, non encore notifiée aux receveurs des finances, les documents ci-dessus doivent être adressés directement au Ministre du commerce par les trésoriers des caisses d'épargne.

Résumé de la situation du recouvrement des percepteurs et état général des poursuites.

Modèle n° 272, art. 1300, 1348, 1351, instruction générale du 20 juin 1859, circulaires des 15 décembre 1864, 20 août 1888, § 3.

A établir en minute et double expédition.

Les notes sur les comptables doivent être écrites de la main des receveurs des finances, et non par leur fondé de pouvoirs.

Rapport sur la marche du service.

Art. 1300, 1351, instruction générale du 20 juin 1859, circulaires du 15 décembre 1864, 20 août 1888, § 4.

A établir en minute et double expédition.

Donner toutes explications sur les retards dans le recouvrement et dans la présentation des comptes de gestion. Détailler tous les faits ayant pu montrer une certaine gravité.

Feuilles de signalement des percepteurs-receveurs municipaux.

Art. 1352, instruction générale du 20 juin 1859.

En double expédition.

S'expliquer clairement sur la valeur morale et administrative des comptables et surtout au point de vue de leur avancement.

Par année. (*Suite.*)

Compte rendu du travail du percepteur surnuméraire.
Art. 1203, instruction générale du 20 juin 1859.

À établir en double expédition.

État des restes à recouvrer sur cotisations municipales et particulières.
Circulaires des 15 janvier 1868, etc.

À établir par paragraphes, par chapitres, et avec tous motifs de non-recouvrement.

État des frais et du personnel de la recette des finances.
Circulaires des 10 novembre 1864, 10 décembre 1864, 10 juin 1865, 22 janvier 1866, 17 avril 1872, 17 mai 1873, 29 décembre 1875, 10 mars 1876, 20 décembre 1880, 31 mars 1887, 17 juillet 1897, § 6.

À établir en triple expédition.
Doit être préparé entièrement de la main du receveur des finances, et non du fondé de pouvoirs.
Le receveur des finances doit donner les renseignements les plus circonstanciés sur la moralité et les aptitudes de tout son personnel.

Situation sommaire des placements et remboursements des communes et des divers établissements publics (hospices, bureaux de bienfaisance, monts-de-piété, fabriques, etc.).
Art. 766, 767, 768, 769, 770, etc., instruction générale du 20 juin 1859.

Vérifier le calcul général des nombres, dont les bases serviront ultérieurement à la division entre chaque commune et établissement.

Situation du recouvrement des amendes et condamnations pécuniaires.
Amendes, circulaire du 30 décembre 1890, modèle 68, art. 479 instruction du 5 juillet 1895 ; art. 480 même instruction.

En double expédition.

État des indemnités dues aux percepteurs pour réception des déclarations de locations verbales et mandats de paiements.
Circulaires des 5 novembre 1874, 14 janvier 1875, 4 mars 1881 et 31 janvier 1890, § 1.

Vérifier les résultats fournis par les percepteurs avec ceux du grand-livre de la recette des finances.

État des congés accordés aux percepteurs.
Art. 1266, instruction générale du 20 juin 1859, circulaires des 10 octobre 1868, 24 mars 1888 et 15 mai 1888, § 3.

Il est nécessaire de mentionner aussi bien les congés accordés par le préfet que ceux accordés par le Ministre des finances.

Par année. (*Suite.*)

États de proposition des indemnités à allouer aux porteurs de contraintes.

Circulaires des 14 mars 1884 et 10 janvier 1894.

On doit y annexer un relevé détaillé donnant le nombre des actes de chaque nature décernés par les porteurs de contraintes l'année précédente :
1° Sur contributions ;
2° Sur amendes ;
3° Sur taxes assimilées (communales).

Comptes courants des sociétés de secours mutuels.

Circulaires des 31 janvier 1878 et 24 décembre 1889, § 15.

En simple expédition ne pas compter dans le calcul des nombres les versements de décembre qui ne doivent être compris comme *nombres,* bien entendu, que dans le relevé de l'année suivante.

Comptes courants des caisses d'épargne, dûment visés par les administrateurs de chaque caisse.

Caisse des dépôts et consignations, circulaires des 15 janvier 1878 et 24 avril 1896, § 6.

A établir en double expédition et y annexer la balance récapitulative.

État récapitulatif des versements effectués par les percepteurs pour le service des caisses d'épargne.

Caisse des dépôts et consignations, circulaires des 30 novembre 1875, 18 décembre 1879, 4 juin 1881, 24 novembre 1880 et 15 mai 1888.

A établir en double expédition.

État des indemnités dues aux percepteurs pour le service des caisses d'épargne.

Circulaires Caisse des dépôts et consignations des 25 août 1875, § 20, 18 décembre 1879 et 24 novembre 1880.

Comprend les percepteurs désignés spécialement comme auxiliaires des caisses d'épargne.

Copie du compte courant : 1° des fonds déposés par les établissements publics (*un par établissement*) ; 2° des séquestres et mandataires de justice (*un par compte*) ; 3° des établissements pénitentiaires.

Caisse des dépôts et consignations, modèle n° 4, circulaire du 24 décembre 1889, § 9.

A établir en simple expédition et annexer une balance récapitulative.

Copie du compte courant des comptes : 1° des anciens élèves des écoles de maistrance ; 2° du fonds commun de garantie des forêts de chênes-lièges de l'Algérie ; 3° de la masse générale d'entretien pour l'uniforme des préposés forestiers.

Caisse des dépôts et consignations, art. 9, 11, 14, instruction du 31 janvier 1878, et § 15, circulaire du 24 décembre 1889.

A établir en simple expédition avec balance récapitulative.

Par année. (*Suite.*)

Copie du compte courant de chaque notaire, arrêté en capital et intérêts au 31 décembre, ou soldé pendant l'année.
> *Caisse des dépôts et consignations, modèle 4, circulaire du 24 décembre 1889, et § 15, circulaire du 21 avril 1890.*

A établir en simple expédition.

Balance des comptes individuels des notaires.
> *Caisse des dépôts et consignations, modèle n° 3, § 15, circulaire du 21 avril 1890.*

A établir en double expédition.

Du 1er au 31 janvier.

Rapport général sur l'examen du compte de gestion et des opérations : 1° des sociétés de courses ; 2° du pari mutuel.
> *Circulaire du 13 février 1897.*

En simple expédition.
Ce rapport, très complexe, doit mentionner tous les éléments prescrits par la circulaire du 13 février 1897, dont l'examen attentif est une stricte obligation.

Situation financière de chaque société de courses.
> *Modèle 3, circulaire du 13 février 1897.*

En simple expédition.

Le 31 janvier.

Décompte général des placements et remboursements des communes et établissements publics.
> *Art. 766 à 770, instruction générale du 20 juin 1859.*

En double expédition.

Copie du compte courant de placement au Trésor public, avec intérêts, de chaque commune, hospice, bureau de bienfaisance, mont-de-piété, fabrique, etc.
> *Article 768, instruction générale du 20 juin 1859.*

Le total de tous les comptes courants doit être égal à celui du décompte ci-dessus désigné.

Bordereau des contributions dues par les compagnies de chemin de fer.
Annexer une fiche récapitulative.

Bordereau des contributions dues par l'administration des contributions indirectes pour impôts de francs-bords des canaux et rivières canalisées.
> *Circulaire 18 février 1891, § 9.*

Même remarque que ci-dessus.

Par année. (*Suite.*)

Relevé général du recouvrement des contributions directes de l'exercice expiré.

> *Circulaire du 12 janvier 1883, modèle 2.*

Ce relevé général est établi au moyen des situations des percepteurs et doit être adressé à la Trésorerie générale le 2 février au plus tard.

État des percepteurs signalés comme ne pouvant plus gérer personnellement leur service.

> *Art. 1281, instruction générale du 20 juin 1859.*

Cet état doit être inspiré principalement par les besoins du service et l'intérêt du public.

Décompte des remises revenant aux percepteurs sur produits universitaires.

> *Circulaires des 17 février 1883, 10 mai 1887, 10 novembre 1887, 9 février 1888, 7 janvier 1889.*

La remise est de 1 p. 100.

Du 1ᵉʳ au 20 février, mais seulement tous les cinq ans.

État quinquennal des soldes des consignations judiciaires et administratives en numéraire et en rentes et valeurs mobilières donnant : 1° les soldes en capitaux ; 2° les soldes en rentes et valeurs mobilières (montant des dépôts) ; 3° le montant des intérêts non prescrits.

> *Caisse des dépôts et consignations, instruction du 1ᵉʳ décembre 1877, circulaires des 10 novembre 1880, 22 juillet 1889, 10 juillet 1894, § 15, et §§ 12 et 13, du 24 avril 1896.*

Une circulaire ministérielle a fixé les dates quinquennales de chaque département, mais cependant la Caisse des dépôts et consignations peut rendre obligatoire par année l'établissement de l'état des soldes, si l'examen de la comptabilité d'un receveur des finances le lui fait juger nécessaire. Il est accordé, en certaines circonstances, par la Caisse des dépôts et consignations, un délai d'envoi de l'état quinquennal expirant le 30 avril, au plus tard.

Du 1ᵉʳ au 20 février.

Relevé statistique des comptes de consignations.

> *Caisse des dépôts et consignations, modèle 1, circulaires du 20 juillet 1895, § 14.*

En double expédition.

Extrait du livre-sommier des consignations : 1° en numéraire ; 2° en rentes et valeurs mobilières.

> *Caisse des dépôts et consignations, circulaires des 10 novembre 1880, 22 juillet 1889, 10 juillet 1894.*

A établir en double expédition.

Par année. (*Suite.*)

Le 25 février.

Bordereau récapitulatif des états de consignations des voies navigables.
Caisse des dépôts et consignations, modèle n° 79, circulaire du 11 mars 1880, § 5, art. 24, instruction du 5 juillet 1895.
En simple expédition.

Le 28 février.

État des amendes recouvrées pendant l'exercice précédent à la suite de condamnations pour contraventions, soit à la loi du 11 mars 1891 sur les collisions en mer, soit à la loi du 9 août 1893 relative au séjour des étrangers en France.
Amendes, circulaire du 2 avril 1891, modèle 76ter, instruction du 5 juillet 1895, art. 473.
En simple expédition.

État des frais de réparations dus à : Divers.
Amendes, modèle 76bis, art. 474, instruction du 5 juillet 1895.
En simple expédition.

État des sommes dues aux communes en vertu de la loi du 9 août 1893.
Amendes, modèle 76ter, art. 474, instruction du 5 juillet 1895.
En simple expédition.

Relevé des communes pour lesquelles la distribution des avertissements n'a pas été achevée dans le délai de quinze jours après la réception des rôles.
Circulaire du 1er décembre 1892, mod. 1.
En double expédition.
Détailler les motifs et les apprécier.

État général des remises et des cautionnements des percepteurs des contributions directes, percepteurs-receveurs municipaux et receveurs spéciaux (villes, hospices, bureaux de bienfaisance, syndicats).
Modèle 252 modifié, art. 347, 1197, 1224, 1618, instruction générale du 20 juin 1859, circulaire du 8 février 1886, § 3, etc.
À établir en minute et double expédition.
Il doit, en outre des colonnes imprimées, être mentionné :
1° Le montant des dixièmes en sus accordés par les communes et établissements ;
2° Le montant des prélèvements de 10 p. 100, 15 p. 100 et 20 p. 100 opérés sur les perceptions de 1re et 2e classe et hors classe.

État général des remises et des cautionnements pour les perceptions appelées à une réorganisation quelconque ou une suppression.
Circulaires spéciales par département visant les décrets qui ont modifié les perceptions, en principe.
Mêmes remarques que ci-dessus.

Par année. (*Suite.*)

Le 5 mars.

Titre de perception définitif des frais d'extraits de jugements.

Amendes, modèle 90, art. 561, instruction du 5 juillet 1895.

En simple expédition.

Du 1ᵉʳ au 20 mars.

Mandats de remises des percepteurs sur les taxes assimilées, recouvrés pendant l'exercice précédent. A soumettre au préfet.

Mandats de remises des percepteurs sur le recouvrement des rôles de bourses et de chambres de commerce.

Dans beaucoup de départements les receveurs des finances sont autorisés à faire acquitter à l'avance les mandats désignés ci-contre et à les porter en dépense avant le visa du préfet portant mandat et placé au verso.

Mandats des frais de distribution des avertissements : 1° sur contributions de l'exercice courant ; 2° sur contributions de l'exercice expiré (solde) ; 3° sur rôles de chambre de commerce de l'exercice expiré ; 4° sur tous les rôles de taxes assimilées de l'exercice expiré. A soumettre au visa du préfet.

Art. 237, 243, 254, 266, 344, etc., instruction générale du 20 juin 1859, § 5, circulaire du 8 décembre 1891.

Mêmes remarques.

Situation du recouvrement des amendes, *définitive,* de l'exercice expiré.

Amendes, modèle 69, art. 480, instruction du 5 juillet 1895.

En simple expédition.

État de répartition des amendes au fonds commun.

Amendes, modèle 70, art. 443, instruction du 5 juillet 1895.

Même remarque.

Cet état sert au trésorier général pour grouper les résultats du département.

État des restes à recouvrer sur amendes et condamnations de l'exercice précédent, établi par les percepteurs, en double expédition, et dûment accompagné de toutes pièces justificatives d'irrecouvrabilité (certificats de réduction, d'absence, d'indigence, contraintes par corps, notes du parquet, etc.).

Amendes, modèle 86, art. 534, instruction du 5 juillet 1895.

En simple expédition.

Dans beaucoup de départements, toutes les colonnes de cet état à remplir par le préfet pour décision sur les restes à recouvrer sont cependant préparées et additionnées par les receveurs des finances.

État récapitulatif des états de restes à recouvrer sur amendes et condam-

Par année. (*Suite.*)

nations pécuniaires, frais d'extraits de jugements, frais de poursuites sur amendes et condamnations pécuniaires.

Amendes, modèle 88, art. 540, instruction du 5 juillet 1895.

A établir en double expédition.

La 2ᵉ partie de l'état récapitulatif (colonnes du préfet) est remplie par les receveurs des finances dans un certain nombre de départements.

Situation sommaire des frais de poursuites sur amendes et condamnations pécuniaires par nature de poursuites et par catégorie d'agents (huissiers, porteurs de contraintes, conservateurs des hypothèques, incarcérations).

Amendes, modèle 92, art. 574, instruction du 5 juillet 1895.

A établir en double expédition.

Pour faciliter leur travail, les receveurs des finances peuvent en faire établir un semblable par chaque percepteur de leur arrondissement. Il ne leur reste plus qu'à le vérifier et à le récapituler.

Le 31 mars.

État des restes à recouvrer sur produits éventuels départementaux de l'exercice précédent.

Circulaire du 20 novembre 1877, règlement du 12 juillet 1893.

A établir en double expédition.

Les restes à recouvrer doivent être divisés par paragraphes avec tous les sous-titres qu'ils comportent.

Le 10 avril.

Comptes de gestion des chemins vicinaux, établis par les percepteurs.

Instructions du 6 décembre 1870, 20 novembre 1877.

Dans un certain nombre de départements les comptes de gestion des chemins vicinaux sont adressés directement par les receveurs des finances au sous-préfet de l'arrondissement, qui les fait parvenir ensuite à l'agent voyer d'arrondissement.

État général des pensions civiles perçues pendant l'exercice précédent sur les remises des percepteurs-receveurs municipaux (5 %, 1ᵉʳ 12ᵉ d'augmentation, retenues pour fin de gestion et pour mesures disciplinaires).

Art. 356, 1618, 1645, etc., instruction générale du 20 juin 1859.

Au vu de cet état, les receveurs des finances doivent vérifier les recettes qu'ils ont opérées et réclamer d'urgence aux comptables les reliquats dont ils pourraient encore être redevables au Trésor public.

Relevé des recettes ordinaires et extraordinaires des communes et établissements de bienfaisance.

A titre éventuel.

Modèle A, circulaires des 18 décembre 1877, 27 avril 1887, et § 6 circulaire du 10 juin 1896.

La production de cet état, presque supprimée en principe, est laissée à la disposition de l'administration supérieure.

Par année. (*Suite.*)

Relevé des dépenses ordinaires et extraordinaires des communes et établissements de bienfaisance.

A titre éventuel.

Modèle B, circulaires des 18 décembre 1877, 8 février 1886 et 27 avril 1887.

Même remarque que ci-dessus.

État général des pensions civiles perçues sur les remises des préposés en chef de l'octroi pour l'exercice précédent.

Art. 360, instruction générale du 20 juin 1859.

Un état doit être établi pour chaque préposé en chef, certifié par le receveur municipal et visé par le maire.

Le 20 avril.

État des excédents de versements sur contributions directes et taxes assimilées de l'exercice précédent, non encore remboursés.

Circulaires des 16 juin 1883, § 4, et 29 février 1896, § 7.

Avant d'adresser leur état, les receveurs des finances doivent s'assurer de sa concordance avec les écritures des percepteurs.

Relevé comparatif des titres de perception et des recouvrements sur amendes et condamnations pécuniaires, exercice précédent.

Amendes, modèle 85, art. 532, instruction du 5 juillet 1895.

A établir en double expédition.

En avril ou mai. — Aussitôt après l'envoi des états généraux de dégrèvement à la Direction des contributions directes.

Relevé, par perception, donnant : 1° le total des demandes reçues avec la distinction de celles classées dans les bordereaux A, B, C ; 2° le montant total des dégrèvements portés sur les états généraux avec la distinction de ceux compris dans les 1re, 2e et 3e parties de ces états.

Circulaires des 18 décembre 1897 et 23 janvier 1898, § 3.

Le 15 mai.

Déchéance trentenaire. Bordereau des comptes pour lesquels il s'est produit une cause interruptrice de déchéance.

Caisse des dépôts et consignations, modèle 2, circulaire du 7 mai 1895, § 16.

A produire en double expédition.

Le 10 juillet.

Feuilles de signalement des receveurs municipaux spéciaux.

Art. 1352, instruction générale du 20 juin 1859.

A établir en double expédition.

Par année. (*Suite.*)

Le 1ᵉʳ août.

Bordereau des comptes soumis à la déchéance trentenaire.

> *Caisse des dépôts et consignations, modèle 3, circulaire du 7 mai 1895, § 17.*

À établir en double expédition.
Veiller au calcul exact des intérêts.

Le 5 septembre.

Demande à l'Imprimerie nationale des journaux à souche nécessaires l'année suivante pour le service des percepteurs et des receveurs municipaux spéciaux.

> *Art. 1150 à 1155 et 1526, instruction générale du 20 juin 1859.*

À établir en double expédition.
Les journaux à souche des percepteurs et receveurs spéciaux sont divisés par séries.
Il existe un numérotage spécial pour ceux des receveurs spéciaux.

Le 15 septembre.

Demandes de carnets d'autorisations de payement préparées par les présidents des chambres de discipline des notaires de l'arrondissement.

> *Art. 11, décret du 2 février 1890, modèle 2, circulaire du 21 avril 1890.*

Les chambres de discipline ayant la faculté de demander le nombre de carnets qu'elles jugent utile, la plupart font des commandes qui leur servent pour plusieurs années. Dans ce cas, si certaines années elles ne demandent rien, on envoie un bordereau négatif.

Le 1ᵉʳ décembre.

Dossiers des percepteurs pour l'ordonnancement des intérêts de suppléments des cautionnements non encore appliqués définitivement à leur gestion actuelle.

> *§§ 1 et 2, circulaire du 7 août 1897.*

Envoyer une demande du percepteur avec *le* ou *les* récépissés de suppléments de cautionnements.

Le 20 décembre.

Rapport sur la circulation monétaire et fiduciaire dans l'arrondissement pendant l'année courante, divisé ainsi : 1° billets de banque ; 2° or ; 3° argent ; 4° monnaies divisionnaires ; 5° billon.

> *Circulaire de M. le Directeur du mouvement général des fonds, du 20 décembre 1882.*

Les receveurs des finances doivent, avant l'établissement de leur rapport, en demander un à chacun des comptables de l'arrondissement, afin d'être éclairés sur la situation générale et se trouver en mesure de fournir un travail basé sur des renseignements sérieux.

Par année. (*Suite.*)

Le 31 décembre.

Déchéance trentenaire. Bordereau des comptes de consignations (dûment annoté de tous paiements ou nouveaux renseignements) accompagné : 1° des dossiers complets des consignations frappées de déchéance ; 2° des reçus de la poste des bordereaux n° 512 ; 3° des reçus collectifs du procureur de la République, établissant l'envoi aux parties ou la remise au parquet des lettres recommandées s'appliquant aux personnes dont l'adresse a été totalement inconnue.

Caisse des dépôts et consignations, circulaire du 7 mai 1895, § 18.

Cet état s'établit en double expédition.

Toutes les pièces des dossiers de consignations doivent porter le numéro du compte spécial dont elles font partie et être ficelées soigneusement.

Doit parvenir au plus tard à Paris le 2 janvier.

État définitif des sommes non remboursées sur les excédents de versements sur contributions directes et taxes assimilées de l'exercice précédent.

Art. 210, 217, 1619, 1621, 1847, etc., instruction générale du 20 juin 1859, circulaires des 24 décembre 1861, § 8, et 23 janvier 1864, § 3 ; circulaires des 16 janvier 1883, § 4, et 29 février 1896, § 7.

Après cette époque, les excédents de versements non remboursés peuvent bien encore être payés aux parties, mais au compte de dépenses à classer et après autorisation spéciale du trésorier général.

Demandes de secours des anciens comptables admis à la retraite et des veuves et orphelins de comptables décédés dans la gêne ou l'indigence (percepteurs et agents de poursuites), accompagnées des feuilles de renseignements spéciales.

Circulaire du 28 juillet 1866.

Les feuilles de renseignements sont établies par les receveurs des finances qui doivent préciser le secours leur paraissant nécessaire aux demandeurs.

En fin d'exercice, après la clôture définitive.

Annulations des crédits non employés pour la solde de la marine et du service colonial.

§ 1, circulaire du 30 avril 1897.

La Trésorerie générale donnera toutes instructions au sujet de cet état.

Par année. (*Suite.*)

Par année. (*Suite.*)

A date indéterminée, selon les exigences du service.

Les traites de coupes de bois des communes et établissements adressées par les receveurs municipaux et spéciaux pour dépôt jusqu'à l'époque où elles doivent être encaissées.

Art. 869, 1166, etc., instruction générale du 20 juin 1859.

Annexer un bordereau récapitulatif en double expédition.

Un des bordereaux, revêtu de l'accusé de réception du trésorier général, est retourné à la recette des finances.

Demandes d'avancement des percepteurs.

Art. 1215, instruction générale du 20 juin 1859.

Depuis l'établissement des feuilles spéciales adressées chaque année par la Trésorerie générale pour être remplies par les percepteurs eux-mêmes, il ne doit plus être transmis de demande d'avancement dans le cours de l'année que s'il s'est produit un fait spécial et n'ayant pas pu être prévu dans la feuille de signalement annuelle.

Demandes de congés des percepteurs.

Art. 1252 à 1265, instruction générale du 20 juin 1859.

Doivent être adressées, suivant la longueur du congé demandé, soit au préfet, soit au Ministre des finances.

Les demandes doivent être établies en double expédition, une sur timbre et l'autre sur papier libre.

Plan des locaux affectés au service des bureaux des percepteurs.

Circulaires des 16 novembre 1877 et 14 août 1882.

A établir par les soins et aux frais des percepteurs.

Ces plans doivent être établis toutes les fois que les percepteurs changent de locaux. Ils doivent être faits avec soin, avec échelle. Un espace suffisant doit être laissé dans leur confection pour permettre au receveur des finances de donner son avis.

Certificats d'indigence ou de solvabilité établis par les percepteurs pour le service des amendes et condamnations pécuniaires.

Amendes, modèle 87, art. 91, 435, 436, instruction du 5 juillet 1895, circulaires des 15 décembre 1896, § 13, et 23 mars 1897, § 2.

Ces certificats doivent être accompagnés de fiches spéciales établies par les percepteurs et groupant tous les certificats de chaque destination différente.

Les certificats ne sont plus soumis à la légalisation de la sous-préfecture.

Demandes de renseignements établies par les percepteurs pour le service des amendes et condamnations pécuniaires.

Amendes, art. 42, instruction du 20 septembre 1875.

Cet imprimé est devenu facultatif, l'instruction du 5 juillet 1895 ne l'ayant pas reproduit, mais ne l'ayant cependant pas abrogé.

Contraintes extérieures établies par les percepteurs contre les redevables domiciliés hors l'arrondissement, accompagnées d'extraits de rôles en double expédition.

Art. 59 à 62 du règlement général des poursuites du 1er mars 1862 ; art. 1135, etc., instruction générale du 20 juin 1859.

Les contraintes extérieures doivent être visées à la sous-préfecture.

A date indéterminée, selon les exigences du service. *(Suite.)*

Contraintes extérieures venues précédemment par la trésorerie générale pour être recouvrées dans l'arrondissement et renvoyées non recouvrées pour les motifs justifiés par les percepteurs.

> *Art. 59 à 62 du règlement général des poursuites du 1ᵉʳ mars 1862, circulaire du 23 mars 1897, § 2, et art. 1135 de l'instruction générale du 20 juin 1859.*

Les certificats d'indigence ou d'absence prévus par l'article 1135 de l'instruction générale, pour justifier le non-recouvrement des contraintes extérieures, ne sont plus soumis à la légalisation du sous-préfet.

Commissions extérieures tenant lieu de contraintes extérieures établies par les percepteurs contre les débiteurs domiciliés hors l'arrondissement.

> *Amendes, art. 162, instruction du 20 septembre 1875, circulaire 20 décembre 1887, modèle 31, art. 86 et 147, instruction du 5 juillet 1895.*

Doivent être accompagnées de l'extrait de jugement délivré par le greffier du tribunal où a été prononcée la condamnation.

Certificats de publication des rôles de toute nature, établis par les percepteurs-receveurs municipaux et les receveurs spéciaux.

> *Art. 53, 907 et 910, instruction générale du 20 juin 1859.*

Ces certificats peuvent être établis sur feuilles collectives par perceptions.

Commissions extérieures renvoyées non recouvrées par les percepteurs de l'arrondissement, pour les motifs dûment justifiés par les comptables.

> *Amendes, art. 86 et 147, instruction du 5 juillet 1895.*

Mêmes remarques que pour les contraintes extérieures (service du Trésor).

Pour les contraintes ayant une certaine importance, il y a lieu de prendre inscription hypothécaire et de transcrire les condamnations sur les sommiers de surséances.

Bordereaux de demandes d'inscriptions hypothécaires requises par les percepteurs et à prendre dans les bureaux de conservation des hypothèques hors l'arrondissement.

> *Amendes, instruction du 5 juillet 1895.*

Les bordereaux d'inscriptions hypothécaires, dûment timbrés à 60 centimes, sont adressés en double expédition.

L'état des frais d'inscription à acquitter par le conservateur des hypothèques doit être fourni par ce dernier fonctionnaire.

Pour chaque nature de rente sur l'État (3 p. 100, 3 ¹/₂ p. 100, 3 p. 100 amortissable), 20 jours avant chaque échéance.

Bulletins de changements de résidence, par nature de rente, établis par les possesseurs des titres de rentes et, à défaut, par les receveurs des finances.

A date indéterminée, selon les exigences du service. (*Suite.*)

Art. 669, etc., instruction générale du 20 juin 1859, circulaires du 28 mars 1881 et 29 mai 1884.

Ces bulletins doivent toujours porter au verso le cachet de la recette des finances, en vue de leur classification à la trésorerie générale.

Transferts demandés par les caisses d'épargne de l'arrondissement sur celles hors de l'arrondissement.

Instructions des 15 janvier 1878 et 14 mars 1893, Caisse des dépôts et consignations.

Il est même d'usage dans beaucoup de départements d'adresser à la trésorerie générale les transferts demandés par les caisses d'épargne d'un même arrondissement.

Les receveurs des finances ne doivent adresser aucun dossier incomplet. Un examen attentif leur est donc imposé.

Avis de décès des pensionnaires de l'État (*pensions civiles, militaires et autres*), établis par les notaires ou les maires de l'arrondissement.

Circulaire ministérielle du 26 janvier 1872.

Il est expressément recommandé de prendre note des dates de décès sur les registres d'arrérages avant d'envoyer les avis à la trésorerie générale.

Demandes de revision des traitements municipaux et hospitaliers, établies par les comptables, et relevés des opérations des cinq dernières années servant de base à la revision.

Décrets des 27 juin 1876 et 1er août 1891, circulaire du 6 août 1891.

Ces divers documents sont établis en triple expédition.

Toutes les demandes adressées à la préfecture après le 1er août ne peuvent avoir d'effet que pour l'année suivante.

Demandes d'achats de rentes sur l'État, établies par les caissiers des caisses d'épargne (achats volontaires et achats d'office).

Caisse des dépôts et consignations, instruction du 14 mars 1893, instruction du 20 décembre 1895, § 1, circulaire du 24 avril 1896, §§ 4 et 5.

A établir en double expédition.

Noter que le paragraphe 48 de l'instruction du 4 juin 1857 autorisant la réunion des livrets d'une même famille pour achat de rente au nom d'un seul n'a pas été abrogé par le deuxième paragraphe de l'article 16 de la loi du 20 juillet 1895.

Demandes de ventes de rentes sur l'État, établies par les caissiers des caisses d'épargne (pour le compte des déposants de ces caisses).

Caisse des dépôts et consignations, instruction du 14 mars 1893, instruction du 20 décembre 1895, § 3, circulaire du 24 avril 1896.

A établir en double expédition.

Se servir du modèle n° 1 prescrit par la circulaire du 6 août 1895, § 2.

**Relevés des extraits d'actes translatifs de propriétés, utilisés ou non utilisés

A date indéterminée, selon les exigences du service. (*Suite.*)

(envoyés par chaque percepteur quinze jours avant la tournée générale du contrôleur des contributions directes).

Mutations, instruction du 2 mars 1886, modèle 15bis, circulaire de la Direction générale des contributions directes du 30 juillet 1896 ; circulaire C. P. 28 octobre 1896.

À établir en simple expédition.

10 jours après chaque journée de courses.

Rapport sur les opérations du pari mutuel effectuées dans la réunion.

Résumé de ces opérations par numéros de chevaux (gagnants et placés), avec détail des gains ou des pertes. — Tableau modèle 1 ou 2 (*suivant les recettes annuelles de la société*).

Circulaires des 25 mars 1896 et 13 février 1897.

Ce rapport doit non seulement résumer les tableaux fournis par l'administration du pari mutuel, mais encore le résultat de l'examen fait par les receveurs des finances eux-mêmes sur les champs de courses.

Tous les incidents doivent y être notés, principalement ce qui concerne les bookmakers admis par tolérance sur les champs de courses.

Renouvellement des titres de pensions.

Titres dont toutes les cases du verso sont épuisées, à renouveler. Pensions de toute nature.

Le 2 et le 17 de chacun des deux premiers mois du trimestre. Passé le 17 du deuxième mois et jusqu'aux derniers jours précédant l'échéance, au fur et à mesure des dépôts.

Circulaire de la Dette inscrite du 22 décembre 1896, § 5.

Établir un bordereau récapitulatif par ordre numérique et par catégorie de pensions.

Renouvellement des titres de rentes viagères.

Caisse des dépôts et consignations.

Tous les titres dont les cases du verso sont épuisées.

Instruction du 5 mars 1887, circulaire du 18 octobre 1896.

Établir un bordereau par ordre numérique.

Demandes, au fur et à mesure des besoins, des carnets à souche de récépissés à délivrer par les recettes des finances, séries A, B, C, D.

Circulaire des 26 décembre 1896 et 15 décembre 1897.

Les carnets sont demandés en bloc à l'Imprimerie nationale, mais conservés en dépôt par les trésoriers généraux.

Envoi, pour être vérifiés par la trésorerie générale, des carnets à souche de récépissés entièrement terminés, séries A, B, C. D.

Circulaires des 26 décembre 1896 et 15 décembre 1897.

Ces carnets sont ensuite retournés aux receveurs des finances revêtus des observations et remarques de la trésorerie générale.

A date indéterminée, selon les exigences du service. (*Suite.*)

Formules manquées des carnets à souche de récépissés.
Circulaire du 26 décembre 1896.

Ces formules doivent être annulées, revêtues de la lettre *m* en gros caractères et les signatures doivent être annulées spécialement.

Demandes de paiement des contributions dues par les compagnies de chemins de fer, adressées par les percepteurs.
Circulaire du 17 juillet 1897; § 8.

Les percepteurs doivent énoncer clairement leurs demandes et les préciser par articles de rôles et sommes pour chacun d'eux.

Demandes en relevé de déchéance et pourvois formés par les percepteurs en matière de cotes irrecouvrables avec avis motivés.
Circulaire 17 juillet 1897, § 10.

Les demandes des percepteurs doivent être établies sur papier timbré.

Retour, *après vérification* des états généraux du montant des rôles pris en charge sur contributions directes, taxes assimilées, établis par le directeur des contributions directes du département.
Modèle 13, art. 57, instruction générale du 20 juin 1859.

Ces états se vérifient avec l'aide des résultats du carnet de prise en charge des rôles, tenu dans les recettes des finances, tant pour les contributions directes que pour les taxes assimilées.

Celui des contributions directes contient le relevé, par communes, de tous les centimes ordinaires et extraordinaires dont le montant est versé ultérieurement aux receveurs municipaux au fur et à mesure de la rentrée des impôts (par trimestre, et par calcul en douzièmes et fractions de douzièmes).

Déclarations d'abandon de capitaux primitivement réservés.
Caisse nationale des retraites pour la vieillesse.
Modèle n° 2, instruction du 5 mars 1887.

Doivent être signées par les parties et visées par le receveur des finances.

Demandes de liquidations définitives de rentes viagères.
Caisse nationale des retraites pour la vieillesse, instruction du 5 mars 1887 et modèle 23, modifié, de la circulaire du 18 octobre 1893, § 8.

Envoyer le livret de la caisse des retraites, tous les actes de l'état civil (sur papier libre) non produits lors des versements et enfin un certificat de vie sur papier libre établi par le maire de la résidence du rentier.

Demandes de remboursements, après décès, de capitaux déposés sous la condition de réserve.
Caisse nationale des retraites pour la vieillesse.
Circulaire du 2 janvier 1889, § 8.

Adresser avec le livret de la caisse des retraites l'acte de décès légalisé et le certificat de propriété établissant les droits des héritiers; s'il y a lieu, joindre également les actes de naissance des héritiers.

A date indéterminée, selon les exigences du service. (*Suite.*)

Propositions d'assurances en cas de décès.

> *Caisse des dépôts et consignations, lois des 11 juillet 1868, 26 juillet 1893, instruction du 1ᵉʳ décembre 1868, modèle n° 3.*

A signer par les proposants, avec légalisation.
Joindre une expédition de l'acte de naissance sur papier libre.

Propositions d'assurances en cas d'accidents.

> *Caisse des dépôts et consignations, instruction du 1ᵉʳ décembre 1868, art. 133, modèle n° 21.*

Mêmes remarques que ci-dessus.

Propositions d'assurances en cas de décès en vertu de l'article 7 de la loi du 30 novembre 1894 et du décret du 21 septembre 1895 relatifs aux habitations à bon marché.

> *Caisse des dépôts et consignations.*

Annexer l'acte de naissance de l'assuré et le contrat de prêt ou d'acquisition.

Demandes de congés sollicités par les receveurs des finances.

Adresser en triple expédition :
1 pour la trésorerie générale ;
1 pour le Ministère des finances ;
1 pour le préfet.

Avis de retour des comptables revenant de congés.
Percepteurs des contributions directes.

Simple lettre annonçant le retour et le nombre exact de jours d'absence.

Avis de retour des receveurs des finances revenant de congés.

Adresser en triple expédition, comme pour l'avis de départ.

(Pour les recettes particulières de Rochefort-sur-Mer, Cherbourg, Saint-Malo, Lorient, Dunkerque et le Havre.)
Retour des avis de crédit, de retrait ou d'annulations de crédits concernant les mandats de solde et d'accessoires de solde du service de la marine et du service colonial.

> *Circulaire du 30 avril 1897, § 1.*

Annoter soigneusement les diverses décisions sur le Livre de détail tenu dans les recettes des finances.

Récépissés constatant la réception des titres renvoyés par la Caisse des dépôts et consignations pour être rendus aux déposants (Divers, L/C de rentes et valeurs mobilières).

> *Application de la circulaire de la Caisse des dépôts et consignations du 24 juin 1890.*

Ces récépissés doivent porter la mention : « Reçu du directeur général de la Caisse des dépôts et consignations, etc. » ; quoique les titres soient parvenus par l'intermédiaire de la trésorerie générale.

A date indéterminée, selon les exigences du service. (*Suite.*)

A date indéterminée, selon les exigences du service. (*Suite.*)

PAR LES RECEVEURS DES FINANCES

A LA

CAISSE DES DÉPOTS ET CONSIGNATIONS

DIRECTEMENT

Par journée, s'il y a eu opérations.

Relevé des recettes opérées pour le compte de la Caisse nationale des retraites pour la vieillesse *lorsque la jouissance est immédiate.*

Instructions des 1er août 1877, 5 mars 1887, 10 mars 1887.

Joindre une lettre officielle.

Lettre d'avis de l'envoi au trésorier général des titres et valeurs déposés au compte : Consignations, L/C de rentes et valeurs mobilières.

Circulaires des 20 décembre 1875, 15 octobre 1877 et 21 décembre 1882.

Détailler exactement les valeurs adressées et tous les motifs de l'envoi.

Demandes d'inscription de rentes viagères sur les livrets de la Caisse nationale des retraites pour la vieillesse lorsque les versements qui nécessitent cette inscription ont été effectués *hors l'arrondissement.*

Instruction du 1er août 1877.

Pour les versements effectués dans l'arrondissement, la Caisse des dépôts et consignations adresse régulièrement, 15 jours après chaque dizaine, un relevé des rentes viagères à inscrire sur les livrets, avec une lettre spéciale sur laquelle, après un délai d'un mois, les receveurs des finances mentionnent les rentes viagères non inscrites, ainsi que les motifs de non-transcription.

Propositions d'assurances collectives des sociétés de secours mutuels et propositions d'assurances individuelles aux caisses d'assurances en cas de décès et d'accidents.

Circulaires des 1er décembre 1868, 1er octobre 1869, 5 mars 1870, etc.

Dans la plupart des départements, les documents énoncés ci-contre sont envoyés aux trésoriers généraux.

Se conformer, dans ce cas, à leurs instructions.

Avis du versement des primes relatives aux versements collectifs des sociétés de secours mutuels pour assurances en cas de décès.

Circulaires des 5 mars 1870, etc.

Viser la circulaire en annonçant le versement et en adressant la déclaration de versement.

Par journée, s'il y a eu opérations. (*Suite.*)

Par journée, s'il y a eu opérations. (*Suite.*)

Par dizaine.

Bordereau des versements des intermédiaires à la Caisse nationale des retraites pour la vieillesse.

Instruction du 5 mars 1887, circulaire du 10 avril 1890.

Joindre toutes déclarations de versements et expéditions des actes de l'état civil sur papier libre.

Bordereau des versements directs à la Caisse nationale des retraites pour la vieillesse.

Instruction du 5 mars 1887, circulaire du 10 avril 1890.

Mêmes remarques que ci-dessus.

Par dizaine. (*Suite.*)

A date indéterminée.

Demandes de liquidations définitives de rentes viagères.

Instruction du 5 mars 1887 et modèle 23, modifié, de la circulaire du 18 octobre 1893, § 8.

Dans certains départements, ainsi qu'il a été indiqué précédemment, les demandes de liquidations de rentes viagères sont adressées par l'intermédiaire de la trésorerie générale.

Consultations du public et de la recette des finances sur toutes contestations et litiges s'appliquant à tous les services de la Caisse des dépôts et consignations.

Instructions spéciales de la Caisse des dépôts et consignations des 1er août 1877, 5 mars 1887, 18 octobre 1893, etc.

La Caisse des dépôts se refuse à répondre à toute demande se rapportant à l'examen général d'un dossier, mais elle répond toujours à une consultation portant sur un point précis et sur lequel le préposé veut s'éclairer avant de prendre une solution définitive.

Demandes d'emprunts pour la construction ou l'achat des habitations à bon marché.

Loi du 30 novembre 1894, art. 6, circulaires des 10 août 1896 et 24 avril 1896, § 18.

Les receveurs des finances doivent s'efforcer de faire connaître au public tous les avantages qui lui ont été accordés par la loi du 30 novembre 1894.

Demandes de contrats d'assurances temporaires pour garantir à la mort des assurés le paiement des annuités relatives aux habitations à bon marché.

Art. 7, loi du 30 novembre 1894, circulaires des 8 avril 1896 et 10 août 1896.

Mêmes remarques que ci-dessus.

Établir les contrats avec soin et netteté pour éviter tout renvoi qui retarderait la solution des affaires proposées.

A date indéterminée. (*Suite.*)

AUX PERCEPTEURS-RECEVEURS MUNICIPAUX

RECEVEURS SPÉCIAUX

Chaque jour, s'il y a eu opérations.

Titres de rentes sur l'État renouvelés et dont le dépôt avait été fait chez les percepteurs (nominatifs et mixtes).

Circulaires des 31 octobre 1884 et 17 octobre 1884.

Les percepteurs ne doivent s'occuper, sous aucun prétexte, de la transmission de rentes sur l'État au porteur.

Retour des titres de rentes sur l'État transmis par les percepteurs pour être estampillés et renvoi des quittances de paiements revêtues du cachet : Vu bon à payer.

Art. 663, 673, etc., instruction générale du 20 juin 1859, circulaires du 14 avril 1872, etc.

Cet envoi doit toujours être effectué sous pli chargé.
Le percepteur doit en accuser réception par retour du courrier.

Fonds de subvention nécessaires pour assurer le service des dépenses du Trésor public.

Art. 1128, instruction générale du 20 juin 1859.

Il ne doit être adressé de fonds de subvention aux percepteurs que sur la justification qu'ils n'ont pu s'en procurer à la caisse des receveurs des régies financières de leur perception.

Chaque jour, s'il y a eu opérations. (*Suite.*)

Par semaine.

Exécution de la circulaire du 25 août 1875 (Caisse des dépôts et consignations), relative au service des caisses d'épargne.

1° PLACEMENTS. Retour des livrets précédemment transcrits pour inscription des versements subséquents, envoi des nouveaux livrets remis par la caisse d'épargne, et bordereau à l'appui.

Effectuer cet envoi sous pli chargé en franchise.

2° REMBOURSEMENTS. Retour des livrets précédemment transmis pour être remboursés partiellement et envoi des autorisations de remboursements, dûment revêtues du visa de la caisse d'épargne.

Même remarque que ci-dessus.

Par mois.

Du 4 au 10.

Envoi en communication de leur bordereau de situation sommaire mensuelle, modèle 308, *art. 1286, 1293 à 1295, 1297, 1513, 1514, 1541,
1551, instruction générale du 20 juin 1859 ; circulaires des 16 juillet
1874, 12 janvier 1883, etc.*, revêtu des observations de la recette des
finances avec invitation d'y satisfaire, dans le plus court délai.

Dans beaucoup d'arrondissements, il a été établi un bordereau de situation d'un modèle
spécial, laissant à la 4ᵉ page un espace en blanc suffisant pour la mention des observations du receveur des finances et la réponse du percepteur.

Ce modèle est très recommandé, les observations et les réponses faisant corps avec le
document, ne pouvant en être distraites et témoignant indéfiniment des résultats de
la vérification du chef de service.

Du 5 au 10.

Relevé des réclamations en décharge ou en réduction reçues à la Direction des contributions directes pendant le mois précédent.

Modèle A.

S'applique seulement aux percepteurs dans la résidence desquels il n'existe pas de
contrôleurs des contributions directes.

Relevé des décisions également parvenues à la Direction des contributions
directes ou prises par le directeur lui-même pendant le mois écoulé et
portant rejet total des réclamations de l'espèce.

*Modèle B, circulaire n° 871 du Directeur général des contributions
directes du 30 avril 1895.*

Même remarque que ci-dessus.

Dans les chefs-lieux de perception où il existe des contrôleurs des contributions directes,
les percepteurs s'entendent avec ces derniers fonctionnaires et une fois par mois vont
prendre connaissance de toutes les inscriptions des registres de réclamations.

Par trimestre.

Du 10 au 20 janvier, avril, juillet, octobre.

Retour des expéditions des bordereaux détaillés des communes, hospices, bureaux de bienfaisance, syndicats, monts-de-piété, fabriques, etc., revêtus des observations de la recette des finances, avec invitation d'y satisfaire dans le plus court délai.

Art. 1296, 1517, etc., instruction générale du 20 juin 1859, circulaires des 24 août 1878, § 10, etc.

Dans beaucoup d'arrondissements, il a été ajouté 2 feuilles en blanc destinées à porter la transcription des observations des receveurs des finances et les réponses des comptables.

Cela forme indéfiniment corps avec le document officiel et témoigne des soins que les receveurs des finances apportent dans cette partie du service.

Ce modèle est très recommandé.

Extrait de l'état des délinquants forestiers insolvables dont l'incarcération est demandée par le conservateur des forêts.

Amendes, modèle 51, art. 348, instruction du 5 juillet 1895.

État propre aux quelques perceptions ayant des condamnations forestières dans leur ressort.

Les 25 mars, juin, septembre, décembre.

Les traites de coupes ordinaires de bois des communes et établissements, à encaisser le 30 ou le 31 du mois.

Art. 757, 760, 955, etc., instruction générale du 20 juin 1859.

Cet envoi doit être effectué sous pli chargé, en franchise.

Les récépissés de placement au Trésor des traites de coupes extraordinaires de bois, dont l'encaissement est effectué par le trésorier général.

Art. 757, 760, 962 et 1167, instruction générale du 20 juin 1859.

Veiller à ce que les percepteurs passent immédiatement les écritures de conformité.

  DOCUMENTS A ADRESSER

Par trimestre. (*Suite.*)

Par semestre.

15 février et 15 août.

Retour, après vérification, et revêtus des instructions de la recette des finances des relevés des articles portés aux sommiers des surséances et dont il importait de renouveler les inscriptions hypothécaires.

Amendes, modèle 29, art. 240, instruction du 5 juillet 1895.

Les états des percepteurs en double expédition doivent être accompagnés de certificats d'indigence ou de solvabilité établis par les percepteurs, visés par les maires et le receveur de l'enregistrement.

Retour, après vérification des relevés des articles portés aux sommiers des surséances sur le point d'être prescrits et pour lesquels il y a lieu, soit d'interrompre la prescription, soit de la laisser s'accomplir.

Amendes, modèle 29, art. 553, instruction du 5 juillet 1895.

Mêmes remarques que ci-dessus.

Annuellement.

En janvier.

Accusés de réception des rôles et registres de la 3ᵉ année adressés par les percepteurs pour être déposés aux archives.

Art. 96, 1365, 1527, etc., instruction générale du 20 juin 1859.

Les receveurs des finances conservent pendant sept années les livres des comptes divers et les livres récapitulatifs déposés par les percepteurs. Quant à tous les autres documents, ils les-font déposer aussitôt aux archives de la sous-préfecture.

Budgets primitifs des communes et établissements hospitaliers et de bienfaisance.

Art. 1296, 1517, instruction générale du 20 juin 1859.

Ces documents, venant de la sous-préfecture, doivent être revêtus du cachet d'arrivée de la recette des finances.

La 1ʳᵉ partie, recettes ordinaires et extraordinaires, est entièrement transcrite sur le carnet d'échéance de la recette des finances.

Mandats de remises sur amendes et condamnations pécuniaires recouvrées pendant l'exercice expiré (pour être acquittés par les comptables).

Amendes, modèle 65, art. 450, instruction du 5 juillet 1895.

Les percepteurs peuvent se rendre à la recette des finances pour acquitter ces mandats.
Recouvrements sur titres de l'année, 8 p. 100.
Recouvrements sur surséances, 6 p. 100.

Mandats de frais de distribution d'avertissements aux condamnés revenant aux percepteurs (pour être acquittés).

Amendes et condamnations, modèle 67, art. 470, instruction du 5 juillet 1895.

Il revient aux percepteurs 2 centimes par article pris en charge, à l'exception des articles tirés des surséances et des articles reportés de l'exercice précédent.

En mars.

Retour, après vérification de la minute des états de restes à recouvrer sur amendes et condamnations pécuniaires, frais d'extraits de jugements, frais de poursuites sur amendes.

Amendes, modèle 86, art. 534, instruction du 5 juillet 1895.

Les comptables doivent annoter immédiatement leurs sommiers et y consigner les instructions et observations de la recette des finances.

Retour, s'il y a lieu, de ces mêmes documents, pour être complétés et même rectifiés.

Amendes, instruction du 5 juillet 1895.

Mêmes remarques.

Observations sur les états de restes à recouvrer sur contributions directes, taxes assimilées, frais de poursuites de l'exercice précédent au 28 février et invitation, suivant le cas : 1° d'avoir à se forcer en recettes des différences en moins existant entre les restes à recouvrer et les écritures ;

Annuellement. (*Suite.*)

2° de passer aux excédents de versements sur contributions les excédents de recouvrements existant d'après les états de restes à recouvrer.

Art. 95, 1333, 1510, etc., instruction générale du 20 juin 1859.

Les receveurs des finances doivent vérifier avec soin les additions des états de restes à recouvrer, et, au besoin, se faire représenter les rôles pour pointer les restes à recouvrer.

(Pour être acquittés par les compables.)

Mandats de remises des percepteurs sur redevances des mines, taxe des biens de mainmorte, poids et mesures, pharmacies et drogueries, chevaux et voitures, billards, cercles, vélocipèdes, etc., droits universitaires.

Art. 237, 243, 254, 266, 344, etc., instruction générale du 20 juin 1859.

Les percepteurs peuvent se rendre à la recette pour acquitter ces mandats.

Il leur revient 3 p. 100 sur les recouvrements des taxes assimilées et 1 p. 100 sur les droits universitaires.

(Pour être acquittés par les comptables.)

Mandats de frais de distribution des avertissements des rôles des contributions directes et patentes pour l'exercice courant et des rôles de contributions directes et patentes (solde), mines, mainmorte, drogueries, chevaux et voitures, billards, cercles, vélocipèdes, etc., pour l'exercice précédent.

Art. 237, 243, 254, 266, 344, etc., 20 juin 1859.

Mêmes remarques que ci-dessus pour la signature.

Il revient aux percepteurs 2 centimes par avertissements.

Expéditions des comptes courants des sommes placées au Trésor avec intérêts par les communes et établissements (hospices, bureaux de bienfaisance, syndicats, monts-de-piété, fabriques, etc.) avec invitation de faire recette des intérêts de l'exercice expiré.

Art. 772 et 940, instruction générale du 20 juin 1859.

Les comptables font recette des intérêts et les portent d'office au compte des placements au Trésor avec intérêts, valeur du 1er janvier de l'exercice courant.

Ils adressent leur quittance à souche collective à la recette des finances et lui communiquent le livre récapitulatif pour l'inscription de cette opération.

En juillet et août.

Budgets additionnels des communes et établissements (hospices, bureaux de bienfaisance, syndicats, monts-de-piété, fabriques, etc.).

Art. 1296, 1517, instruction générale du 20 juin 1859.

Ces documents, venant de la sous-préfecture, doivent être revêtus du cachet de la recette des finances.

Les recettes sont transcrites entièrement sur le carnet d'échéance de la recette des finances.

Annuellement. (*Suite.*)

A date indéterminée.

Aussitôt leur réception.

Rôles généraux et supplémentaires des contributions directes, patentes, biens de mainmorte, poids et mesures, chevaux et voitures, vélocipèdes et billards, cercles, droits de visite des pharmacies et drogueries, redevances des mines, etc., transmis par le directeur des contributions directes et si le corps des rôles est transmis directement aux comptables par la direction, envoi de la feuille de tête des rôles qui doit toujours passer par l'intermédiaire de la recette des finances.

Art. 19, etc., 50 à 54, 91, etc., 230, 250, 260, etc., instruction générale du 20 juin 1859.

Tous les rôles sont pris en charge par les receveurs des finances sur leur livre-journal et ils en consignent tous les résultats sur les livres spéciaux des contributions directes et taxes assimilées.

Rôles des prestations, taxes sur les chiens, rétribution scolaire des collèges, taxes d'affouage, taxes sur les bestiaux, rentes foncières, etc., transmis par le directeur des contributions directes.

Art. 840, 860, 877, 888, 902, 908, etc., instruction générale du 20 juin 1859.

Tous ces rôles sont pris en charge, au compte de chaque commune, sur le carnet d'échéance des produits communaux.

Quelques jours après la vérification du service du comptable à domicile.

Communication du procès-verbal de vérification avec invitation d'y transcrire les réponses aux observations de la recette des finances, puis, ultérieurement, envoi de la copie de ce procès-verbal de vérification.

Art. 1251, 1307, 1385, etc., instruction générale du 20 juin 1859.

Les receveurs des finances doivent examiner toutes les parties du service et mentionner sommairement leurs observations. Ne relater longuement que celles pouvant présenter un caractère de gravité et destinées à être reproduites en entier sur le résumé du ministère des finances.

Selon les exigences ou les nécessités du service.

Retour des comptes de gestion des communes et des divers établissements avec observations de la recette des finances.

Circulaire du 30 janvier 1866.

Veiller à ce que les comptables satisfassent très promptement aux observations qui leur sont faites, afin de hâter l'envoi des comptes de gestion, soit à la Cour des comptes, soit au conseil de préfecture.

Bordereaux des injonctions faites sur les comptes de gestion des exercices expirés, tant par la Cour des comptes que par le conseil de préfecture.

Circulaire du 30 janvier 1866.

Les comptables ont deux mois pour satisfaire aux injonctions et les receveurs des finances doivent tenir expressément la main à ce que ce délai ne soit pas dépassé.

A date indéterminée. (*Suite.*)

Extraits de jugements définitifs transmis par les greffiers.

Amendes, circulaires des 10 octobre 1876, 11 juillet 1878, 22 décembre 1879, instruction du 5 juillet 1895, art. 40, 76, etc.

Extraits de jugements provisoires, transmis par les greffiers.

Amendes, art. 76, instruction du 5 juillet 1895.

Ces extraits doivent être pris immédiatement en charge par les percepteurs.

Ils doivent en adresser un accusé de réception détaillé à la recette des finances et envoyer ensuite un avertissement par la poste à chaque redevable.

Remarque concernant les extraits de jugements définitifs et provisoires.

Bulletins de transactions forestières, extraits de significations de jugements par défaut, etc., transmis par l'inspecteur des forêts.

Amendes, art. 145, etc., instruction du 5 juillet 1895.

Mêmes remarques que ci-dessus.

Observations sur les bulletins de caisse journaliers et rappel de l'envoi de ces bulletins s'il a été omis.

Circulaire du 24 août 1878, § 1.

Les receveurs des finances doivent tenir la main à ce que les bulletins de caisse soient adressés journellement, afin d'être toujours renseignés sur la composition des encaisses de leur arrondissement.

Certificats d'indigence et de solvabilité envoyés par le trésorier général et même d'autres comptables de l'arrondissement.

Amendes, modèle 87, art. 91, 435, 436, instruction du 5 juillet 1895.

Les percepteurs doivent inscrire ces certificats sur leur carnet spécial et se mettre en mesure de les régulariser dans le plus court délai.

Demandes de renseignements envoyées par divers.

Amendes, art. 42, instruction du 20 septembre 1875.

Modèle facultatif non^c reproduit dans la nouvelle instruction du 5 juillet 1895, mais non explicitement abrogé.

(Service des contributions directes et taxes assimilées.)

Contraintes extérieures émises par les percepteurs hors l'arrondissement, et même dans quelques cas par ceux de l'arrondissement, lorsque les débiteurs sont très éloignés du centre de la perception.

Art. 59 à 62 du règlement général des poursuites du 1er mars 1862.

Art. 59, 60, 61 et 62, 1135, instruction générale du 20 juin 1859, circulaire du 15 décembre 1864.

Les contraintes extérieures doivent être recouvrées dans le délai d'un mois, au moyen de la persuasion. Passé ce délai, des poursuites rigoureuses doivent être décernées contre les débiteurs.

A date indéterminée. (*Suite.*)

(Service des amendes et condamnations pécuniaires.)

Commissions extérieures établies par les percepteurs hors l'arrondissement.

> *Art. 162, instruction du 20 septembre 1875, circulaires des 20 décembre 1887, 8 mars 1893. Modèle 31, art. 86, 146 et 147, instruction du 5 juillet 1895.*

Mêmes remarques que ci-dessus.

Duplicata des états de frais de poursuites payés aux agents de poursuites :
1° Service des contributions et taxes assimilées.

> *Art. 102, etc., règlement du 1ᵉʳ mars 1862.*

2° Service des amendes et condamnations pécuniaires.

> *Modèles 37, 44, 45 et 47, art. 263, 277 et 299, instruction du 5 juillet 1895.*

Au reçu de ces états, les percepteurs y transcrivent les émargements provisoires qu'ils ont dû faire sur les contraintes et s'assurent si le total des états de paiements est bien d'accord avec tous les frais mentionnés sur ces contraintes.

Titres de recettes, titres de perception, contrats d'emprunts, baux emphytéotiques, baux à court terme, etc., adressés soit par le trésorier général, soit par le préfet, le sous-préfet, etc., pour le service des communes et établissements de toute nature (hospices, bureaux de bienfaisance, monts-de-piété, syndicats, fabriques, etc.

> *Art. 822, 849, 1051, instruction générale du 20 juin 1859.*

Ces titres sont préalablement pris en charge par les receveurs des finances sur leurs carnets d'échéance et leurs livres spéciaux.

Il est d'usage de monter un carnet d'échéance spécial pour les titres à recouvrer en plusieurs années et un carnet des inscriptions hypothécaires s'appliquant tant aux titres communaux qu'aux rentes sur particuliers.

Ordonnances de décharge sur contributions directes, taxes assimilées, frais de poursuites.

> *Art. 207, 210, etc., instruction générale du 20 juin 1859.*

Les receveurs des finances établissent un bordereau d'envoi qui est rapporté par les percepteurs le jour de leur versement et au verso duquel les comptables inscrivent les excédents de versements s'appliquant aux ordonnances de décharge s'il y a lieu.

Ordonnances de décharge sur produits communaux (prestations, taxe sur les chiens, etc.

> *Art. 888, 910, 1038, etc., instruction générale du 20 juin 1859.*

Ces ordonnances sont auparavant leur envoi aux percepteurs et receveurs municipaux, transcrites sur le carnet d'échéance des produits communaux en regard des articles de recettes qu'elles concernent.

La plus grande attention est recommandée à ce sujet aux receveurs des finances, en vue de la vérification des bordereaux détaillés trimestriels des comptables.

A date indéterminée. (*Suite.*)

Avis de la tournée générale des mutations du contrôleur des contributions directes.

Mutations, instruction du 2 mars 1886.

Les percepteurs doivent apporter tout leur concours au contrôleur en ce qui regarde, d'une façon générale, l'assiette de l'impôt.

Certificats de réduction de titres (extraits de jugement).

Amendes, modèle 80, art. 514, instruction du 5 juillet 1895.

Ces certificats de réduction, établis par les greffiers de simple police ou correctionnels, sont visés selon les cas, soit par les receveurs des finances, soit par les receveurs de l'enregistrement.

Titres de perception des frais de poursuites sur amendes et condamnations pécuniaires pour sommes payées :

1° A la gendarmerie ;

2° Au conservateur des hypothèques ;

3° A la régie du timbre ;

4° A l'entrepreneur des transports.

Amendes, circulaire du 30 décembre 1890, modèle 53, art. 217, 223, 224, 225, 236, 358, 376, instruction du 5 juillet 1895.

Ces titres de perception sont auparavant transcrits sur le registre de prise en charge des frais sur amendes tenus par les receveurs des finances.

Relevés des condamnations tenant lieu de commissions extérieures (service des maisons centrales de détenus).

Amendes, modèle 54, art. 411 et 412, instruction du 5 juillet 1895.

Ces relevés doivent être renvoyés par les comptables dans le plus court délai possible. Ils doivent être transcrits exactement par les comptables auxquels ils sont adressés.

Récépissés des fonds versés au moyen de reçus de la Banque de France.

Circulaire du 31 décembre 1897.

Renvoyer en même temps les livres récapitulatifs adressés par les comptables.

Aussitôt l'envoi par les administrations compétentes.

Journaux à souche et tous autres imprimés relatifs au dégrèvement des cotes foncières.

Circulaire du 18 décembre 1897, § 14, page 57.

Ces imprimés sont fournis à titre gratuit, soit par l'Imprimerie nationale, soit par le directeur des contributions directes.

Dans un délai de huit jours après l'envoi par les percepteurs.

Retour des journaux à souche (vérifiés) employés par les percepteurs pour le service du dégrèvement des cotes foncières.

Circulaires des 18 décembre 1897, § 11, page 51 et 23 janvier 1898.

Les receveurs des finances doivent prendre note des formules avariées attenantes aux souches.

A date indéterminée. (*Suite.*)

A date indéterminée. (*Suite.*)

AUX CAISSIERS DES CAISSES D'ÉPARGNE.

Par semaine.

Dossiers transmis par les percepteurs :

1° PLACEMENTS. Bordereaux de versements, bordereau récapitulatif, demandes de nouveaux livrets, livrets anciens, récépissés de la recette particulière des finances ;

2° REMBOURSEMENTS. Demandes de remboursements, bordereau récapitulatif, livrets des titulaires, etc.... (Caisse des dépôts et consignations, exécution de la circulaire spéciale du 25 août 1875).

Ces documents ne sont à produire que dans les arrondissements où certains percepteurs ont été désignés tout spécialement pour servir d'auxiliaires aux caisses d'épargne.

Par trimestre.

Expédition du procès-verbal de vérification.

Art. 1418, instruction générale du 20 juin 1859, instruction du 15 janvier 1878, circulaires des 25 août 1875, 18 décembre 1879, 24 novembre 1880, etc., instruction du 10 mars 1893.

Les receveurs des finances adressent d'abord leur procès-verbal au caissier pour la transcription des réponses, puis aussitôt son retour, ils envoient une expédition de ce document, qui reste déposée dans les archives de la caisse d'épargne.

A date indéterminée.

Selon les nécessités du service.

Retour pour explications des situations et bordereaux de caisse.

Caisse des dépôts et consignations, instruction du 15 janvier 1878.

Les receveurs des finances doivent veiller à ce qu'il ne soit conservé en caisse que les sommes réellement nécessaires aux besoins du service.

A date indéterminée. (*Suite.*)

> Transferts venant d'autres caisses d'épargne de l'arrondissement ou *hors* l'arrondissement.

> Titres de rentes achetés ou transférés.
>> *Instruction du 15 janvier 1878, circulaire du 4 juillet 1891, instruction du 10 mars 1893.*

Les receveurs des finances ne doivent pas perdre de vue l'établissement du récépissé provisoire à échanger contre celui du trésorier général, puis ultérieurement l'envoi de ce dernier certificat.

A date indéterminée. (*Suite.*)

AU PRÉFET

Par mois.

Le 22.

Extrait de l'état détaillé des récépissés à talon délivrés au titre du « service départemental ».

Modèle n° 11, circulaire du 26 décembre 1896, § 18.

Cet extrait doit être adressé directement, sans passer par la voie de la trésorerie générale.

Par trimestre.

Les 5 janvier, 5 avril, 5 juillet, 5 octobre.

États des avances pour frais de route payés aux voyageurs indigents, établis par les receveurs municipaux.

Art. 1495, instruction générale du 20 juin 1859.

Dans beaucoup d'arrondissements, les receveurs municipaux envoient directement leurs états à la préfecture par l'intermédiaire de la sous-préfecture.

Annuellement.

Du 1ᵉʳ juin au 1ᵉʳ septembre.

Pour être soumis à l'examen et à la vérification du conseil de préfecture.

Comptes de gestion des receveurs des communes et établissements (hospices, bureaux de bienfaisance, syndicats, fabriques, etc.) ayant *moins* de 30,000 fr. de revenus ordinaires, avec pièces justificatives des recettes et des dépenses de toute nature (services budgétaires et services hors budgets).

Circulaire du 30 janvier 1866, etc.

Ces comptes doivent être adressés sous plis chargés en franchise.

Ils doivent être revêtus des observations des receveurs des finances et des réponses des comptables.

Lorsque les receveurs des finances n'ont pas constaté d'irrégularités (fait très rare), ils doivent mettre une mention « sans observation » et la certifier.

Annuellement. (*Suite.*)

A LA COUR DES COMPTES

Annuellement.

Du 1ᵉʳ juin au 1ᵉʳ septembre.

Pour les communes et les établissements (hospices, bureaux de bienfaisance, monts-de-piété, syndicats, fabriques, etc.) ayant *plus* de 30,000 fr. de revenus ordinaires.

Comptes de gestion établis par les receveurs municipaux et les receveurs spéciaux, avec pièces justificatives des recettes et des dépenses de toute nature (services budgétaires et services hors budgets), pour l'exercice expiré.

Circulaire du 30 janvier 1866, etc.

Il est d'usage, dans la presque totalité des départements, de faire opérer l'envoi des comptes de gestion par les receveurs spéciaux sans passer par l'intermédiaire de la recette des finances.

Ces envois, de quelque façon qu'ils soient faits, doivent être effectués sous plis chargés, en franchise.

Annuellement. (*Suite.*)

AUX DIRECTEURS DÉPARTEMENTAUX DES RÉGIES FINANCIÈRES

DOUANES, ENREGISTREMENT, CONTRIBUTIONS INDIRECTES, POSTES ET TÉLÉGRAPHES

A date indéterminée.

Récépissés des fonds versés en reçus de la Banque de France par les receveurs de ces régies.

Circulaire du 31 décembre 1897, § 2.

Les directeurs, en adressant ces récépissés à leurs subordonnés, devront leur réclamer en échange les primata des reçus délivrés par la Banque de France.

A date indéterminée. (*Suite.*)

A LA BANQUE DE FRANCE

Par dizaine.

24 heures après la remise des coupons de rentes (et bordereaux de coupons, fiches récapitulatives).

Circulaire du 31 décembre 1897.

Verser en numéraire le montant de la remise.

Par dizaine. (*Suite.*)

AU DIRECTEUR DES POSTES DU DÉPARTEMENT

A date indéterminée.

Selon les nécessités du service.

Talons des récépissés de fonds de subvention, délivrés aux receveurs des postes et télégraphes.

Circulaires des 10 décembre 1846 et 10 mars 1847.

Joindre une lettre officielle.

A M. LE SYNDIC DES AGENTS DE CHANGE

A PARIS, 6, RUE MÉNARS

DIRECTEMENT

Par jour.

Demandes d'achats de rentes.

Décret du 30 décembre 1897, Circulaire du Mouvement général des fonds, n° 486, du 31 décembre 1897, § 1.

Les demandes, dûment signées par les parties versantes, et visées par les receveurs des finances, doivent être établies sur *papier rose*. Elles doivent être accompagnées de pièces justificatives, s'il y a lieu, pour les achats de titres nominatifs. Il doit aussi y être annexé les titres nominatifs ou au porteur dont on demande la réunion aux nouveaux titres achetés.

Demandes de ventes de rentes.

Décret du 30 décembre 1897, circulaire du Mouvement général des fonds, n° 486, du 31 décembre 1897, § 1.

Les demandes, dûment signées par les parties déposantes, et visées par les receveurs des finances, doivent être établies sur *papier rose*. Elles sont accompagnées des titres de rentes déposés pour être vendus. Les titres de rentes au porteur doivent être entièrement annulés, aussi bien dans le corps des titres que sur chaque coupon. En ce qui concerne les titres nominatifs, la dernière case échue doit être estampillée. Les procurations doivent être annexées aux ventes de titres de rentes nominatifs et mixtes.

État récapitulatif des demandes d'achats de rentes.

Circulaire du Mouvement général des fonds, du 31 décembre 1897.

Cet état, établi sur papier rose, renferme les demandes d'achats de rentes envoyées chaque jour. La chambre syndicale transmet ensuite ces documents au conseiller d'État, directeur du Mouvement général des fonds.

État récapitulatif des demandes de ventes de rentes.

Circulaire du Mouvement général des fonds du 31 décembre 1897.

Mêmes remarques que celles faites ci-dessus pour l'état récapitulatif des achats de rentes.

A date indéterminée.

Dossiers de régularisations d'achats et de ventes de rentes, à comprendre sur les états récapitulatifs.

Circulaires des 19 janvier 1887, n° 242, et 31 décembre 1897.

Doivent être transcrits sous leurs anciens numéros avec la mention suivante dans la colonne d'observations : « Renvoi après régularisation ; ordre exécuté ou non exécuté. »

A date indéterminée. (*Suite.*)

AU RECEVEUR DES POSTES ET TÉLÉGRAPHES
DE LA RÉSIDENCE

Journellement.

Réquisitoire pour le chargement des paquets adressés en franchise.
Art. 1421, instruction générale du 20 juin 1859.

Ce réquisitoire peut être établi pour tous les paquets expédiés le même jour.

Les paquets chargés doivent être revêtus de trois ou cinq cachets de cire, avec l'empreinte du sceau de la recette des finances.

AU DIRECTEUR DES CONTRIBUTIONS DIRECTES

Annuellement.

Huit jours après la réception des dossiers des percepteurs.

1° États généraux de dégrèvements ;
2° Bordereau A contenant les demandes sans les avertissements ;
3° Bordereau B contenant les demandes rejetées avec les avertissements à l'appui ;
4° Bordereau C renfermant les demandes ajournées, également avec les avertissements.

Circulaire du 18 décembre 1897, § 9, page 48.

Ces documents sont établis par les percepteurs. Ils doivent être vérifiés avec le plus grand soin avant leur envoi à la Direction des Contributions directes.

A date indéterminée.

Accusé de réception des imprimés envoyés pour le service des dégrèvements des cotes foncières.

Circulaire du 18 décembre 1897.

À envoyer sans lettre à l'appui.

A date indéterminée. (*Suite.*)

AU SOUS-PRÉFET

Annuellement.

Du 1ᵉʳ au 10 janvier.

Registres ayant dix années d'existence (livres des comptes divers et livres récapitulatifs des percepteurs) à déposer aux archives de la sous-préfecture et inventaires à l'appui.

Art. 1365, instruction générale du 20 juin 1859, circulaire du 15 décembre 1897, § 12.

Les inventaires sont établis en double expédition, dont l'une demeure à la sous-préfecture et l'autre est retournée à la recette des finances, pour accusé de réception (modèle C de la circulaire du 15 décembre 1897).

Rôles des contributions directes et taxes assimilées, états de frais de poursuites et journaux à souche des percepteurs des contributions directes et des percepteurs-receveurs municipaux ayant trois années d'existence, à déposer aux archives de la sous-préfecture.

Art. 96, 1527, etc., instruction générale du 20 juin 1859, circulaire du 15 décembre 1897, § 12.

Un inventaire en double expédition doit être déposé avec les rôles et autres documents.
Une des expéditions est retournée à la recette des finances revêtue de l'accusé de réception de la sous-préfecture.
Cet inventaire est à établir sur le même imprimé que celui indiqué ci-dessus (modèle 6, circ. du 15 décembre 1897, § 12).

Éventuellement. État du personnel de la recette des finances.

Circulaires des 10 novembre 1864, 10 mars 1876, 20 décembre 1880, 31 mars 1887, 17 juillet 1897, etc.

Beaucoup de sous-préfectures n'exigent plus la production de ce document.

Annuellement.

En juillet, du 2 au 5.

Expédition de la situation générale du recouvrement des percepteurs des contributions directes au 30 juin de l'année courante et rapport sur la marche du recouvrement (état destiné au conseil d'arrondissement).

Art. 1294, instruction générale du 20 juin 1859, circulaires des 16 juillet 1874 et 12 janvier 1883.

Les receveurs des finances doivent renseigner exactement les sous-préfets sur la marche du recouvrement et donner les motifs de l'augmentation ou de la diminution des poursuites.

Le 1er août.

Relevé, par ordre alphabétique, des noms des débiteurs d'amendes de chasse qui ne se sont pas encore libérés du montant de leurs condamnations.

Amendes, modèle 77, art. 505, instruction du 5 juillet 1895.

Ces relevés sont nécessaires aux sous-préfets pour refuser la délivrance de permis de chasse à tous les débiteurs qui ne se sont pas libérés du montant de leurs condamnations.

A date indéterminée.

Selon les nécessités du service.

Pour autorisation de poursuites (service des contributions directes et taxes assimilées).

États des contribuables à poursuivre par voie de sommations avec frais, commandements, saisies, ventes, etc.

> *Art. 79, etc., instruction générale du 20 juin 1859, règlement des poursuites, art. 41 et suivants, du 1ᵉʳ mars 1862, circulaires des 15 février 1864, 19 février 1877, etc.*

Tous ces documents, dressés par les percepteurs, sont établis en double expédition.

Contraintes extérieures contre les débiteurs hors l'arrondissement (service des contributions directes et taxes assimilées) pour autorisation de poursuites.

> *Règlement des poursuites du 1ᵉʳ mars 1862, art. 59 et 60, circulaire du 15 décembre 1864, etc.*

Les contraintes extérieures sont établies par les percepteurs en simple expédition.

Pour être soumis à la taxe. États de paiements des frais dus aux agents de poursuites (service des contributions directes et taxes assimilées) pour sommations avec frais, commandements, saisies-exécution, saisies-brandon, ventes, etc.

> *Art. 102 et suivants, du règlement général des poursuites du 1ᵉʳ mars 1862.*

Tous ces états, certifiés par les percepteurs, visés par les receveurs des finances, doivent être établis en double expédition.

Pour être soumis à la taxe (service des amendes et condamnations pécuniaires). États de paiements des frais dus aux porteurs de contraintes (ou aux huissiers, suivant les cas) pour commandements, saisies, ventes, etc.

> *Amendes, modèles 37, 44, 45, 47, instruction du 5 juillet 1895, art. 263, 271, 277, 299, etc.*

Ces états, établis par les percepteurs, doivent être adressés en double expédition.

Réquisition d'escorte pour envois de fonds.

> *Art. 1401, instruction générale du 20 juin 1859.*

Ne doit s'employer que si les sommes à envoyer sont considérables et si les envois courent un risque quelconque.

Procès-verbal d'envoi de fonds à un comptable du Trésor ou à toute autre personne désignée par l'administration. (Ce procès-verbal s'établit en présence du sous-préfet ou de son délégué, qui appose le sceau de la sous-préfecture.)

> *Art. 1406, instruction générale du 20 juin 1859.*

Les procès-verbaux d'envois de fonds doivent être établis en triple expédition et être revêtus des sceaux en cire de la recette des finances et de la sous-préfecture.

A date indéterminée. (*Suite.*)

> États des cotes irrécouvrables et des cotes indûment imposées, établis par les percepteurs et receveurs spéciaux de l'arrondissement, tant sur contributions que sur taxes et produits communaux assimilés.

> *Art. 135, instruction générale du 20 juin 1859, circulaire du 20 mai 1893, § 7.*

Les percepteurs doivent y annexer tous certificats d'absence, d'indigence, etc., nécessaires pour justifier l'irrecouvrabilité ou l'imposition arbitraire.

A date indéterminée. (*Suite.*)

AU PROCUREUR DE LA RÉPUBLIQUE

Trimestriellement.

Relevés des condamnés insolvables contre lesquels la contrainte par corps peut être exercée, établis par les percepteurs.

Amendes, modèle 50, art. 346, instruction du 5 juillet 1895.

Les percepteurs doivent fournir tous renseignements sur l'insolvabilité des débiteurs.

Envoi, après annotation :

1° Des relevés des faillites et liquidations judiciaires établis par les greffiers des tribunaux de commerce ;

2° Des relevés de ventes mobilières, établis par les huissiers et commissaires-priseurs.

Caisse des dépôts et consignations, circulaire n° 62, § 1, 21 janvier 1892.

Ne sont adressés au procureur de la République que lorsque des erreurs ont été constatées ou qu'il a été découvert des omissions de consignations par les officiers ministériels.

Annuellement.

De mai à juin.

Caisse des dépôts et consignations, prescription trentenaire, comptes frappés de déchéance.

Lettres à faire parvenir aux personnes sans domicile connu.

Modèle n° 1, § 15, circulaire du 7 mai 1895.

Annexer un bordereau détaillé aux lettres envoyées au parquet.

Il y a deux envois à faire :

1° Pour les individus dont aucun domicile n'est indiqué sur les registres de comptes de consignations ;

2° Pour ceux qui n'ont pas été trouvés aux adresses primitivement indiquées et renvoyées par la poste.

A date indéterminée.

Selon les nécessités du service.

Relevés des condamnés solvables et insolvables à incarcérer et réquisitions d'incarcérations établies par les percepteurs, le tout accompagné des originaux des commandements décernés contre les redevables.

Amendes, modèles 48 et 49, instruction du 5 juillet 1895, art. 340 et 341.

Dans certains arrondissements, il est d'usage de communiquer aussi au procureur de la République les extraits de jugements de condamnations.

A date indéterminée. (*Suite*.)

AUX INSPECTEURS DES FORÊTS

A date indéterminée.

Selon les nécessités du service.

Un mois après la transaction. Talons des bulletins de transactions forestières constatant que les délinquants ont payé ou n'ont pas payé dans le délai d'un mois.

Amendes, art. 168 et 177, instruction du 5 juillet 1895.

Annexer une lettre d'envoi.

Accusés de réception de tous documents transmis par l'administration des forêts (avis de recours en grâce, transactions, jugements divers, etc).

Amendes, instruction du 5 juillet 1895.

Mentionner exactement les extraits adressés avec les numéros du sommier sur lesquels ils ont été transcrits.

AUX CHEFS DE GARE OU AUX ENTREPRENEURS DE SERVICES DE TRANSPORTS

A date indéterminée.

Lors de l'envoi de fonds pour le service du Trésor. Procès-verbal d'envoi de fonds, signé par le sous-préfet, et revêtu du sceau (en cire) de la sous-préfecture.

Art. 1406, instruction générale du 20 juin 1859.

Ce procès-verbal est remis lors du dépôt des fonds (en sac ou group bien fermé et cacheté avec de la cire fine).

AUX JUGES DE PAIX OU AUX COMMISSAIRES DE POLICE

A date indéterminée.

Selon les nécessités du service.

États des condamnés retardataires sur amendes et condamnations pécuniaires établis par les percepteurs pour les extraits provisoires non recouvrés dans le délai d'un mois.

Amendes, art. 22, instruction du 20 septembre 1875 et art. 79, instruction du 5 juillet 1895, modèle n° 16.

Les percepteurs doivent adresser en même temps les extraits provisoires non recouvrés.

AU CONSERVATEUR DES HYPOTHÈQUES

A date indéterminée.

Selon les exigences du service.

Bordereaux des inscriptions hypothécaires à prendre à la Conservation pour la sûreté du recouvrement des amendes et condamnations pécuniaires.

Amendes, modèle 27, art. 231 et 242, instruction du 5 juillet 1895.

Le prix du timbre des bordereaux est avancé par les receveurs des finances en vertu de l'article 235 de l'instruction du 5 juillet 1895.

L'état des inscriptions à acquitter pour ordre est à la charge du conservateur des hypothèques (modèle n° 28, art. 234 de l'instruction du 5 juillet 1895).

Quittances d'excédents de versements pour le montant des salaires recouvrés.

Amendes, art. 237 et 573, instruction du 5 juillet 1895.

A préparer d'office par les percepteurs des contributions directes, conformément à la circulaire du 10 novembre 1864, § 1er.

AUX GREFFIERS :
1° DU TRIBUNAL CORRECTIONNEL ;
2° DES JUSTICES DE PAIX (TRIBUNAUX DE SIMPLE POLICE) ;
3° DES TRIBUNAUX MARITIMES

A date indéterminée.

Selon les exigences du service.

Accusés de réception de leurs bordereaux d'envois d'extraits de jugements de condamnations, soit définitifs, soit provisoires.

Amendes, instruction du 20 septembre 1875, circulaires des 22 décembre 1879, 9 février 1888, instruction du 5 juillet 1895, art. 62, 63, etc.

Ces accusés de réception doivent mentionner exactement le nombre d'extraits de jugements parvenus.

A date indéterminée. (*Suite.*)

AUX NOTAIRES

Trimestriellement.

Retour des titres de pensions civiles, militaires, etc., dûment revêtus au verso de l'estampille de la recette des finances, et retour des certificats de vie portant mention de quittance avec l'autorisation de payer de la recette des finances.

Art. 533, 701, 702, instruction générale du 20 juin 1859.

Ces diverses autorisations sont nécessaires pour permettre aux pensionnaires de toucher ce qui leur est dû à la caisse du percepteur de leur résidence.

AUX PRÉSIDENTS DES CHAMBRES DE DISCIPLINE
DES NOTAIRES

Éventuellement et sur leur demande spéciale.

Copie du compte courant des notaires.

Caisse des dépôts et consignations, circulaire du 21 avril 1890, § 16, et du 28 avril 1894.

Modèle n° 1 de la circulaire du 28 avril 1894.

A date indéterminée, selon les exigences du service.

Le jour même où ont eu lieu ces opérations.

Partie inférieure des talons des autorisations de paiement délivrées par les notaires.

Caisse des dépôts et consignations, Circulaire du 21 avril 1890, § 9.

Si le président habite la ville de la résidence des receveurs, on peut faire porter le document à domicile ; si, au contraire, il demeure au dehors, à expédier par lettre affranchie. — S'entendre alors avec la chambre pour le règlement de ces débours.

Bulletin détaillé et nominatif remis par les notaires à l'appui des versements.

Caisse des dépôts et consignations, Circulaire du 21 avril 1890, § 4.

Mêmes remarques que ci-dessus.

Avis de l'ouverture des nouveaux comptes aux notaires en indiquant le numéro du compte à reproduire sur le carnet d'autorisations de paiement décrit au § 6 de la circulaire.

Caisse des dépôts et consignations, Circulaire du 21 avril 1890.

Mêmes remarques que ci-dessus.

A date indéterminée, selon les exigences du service. (*Suite.*)

AUX MAIRES

Trimestriellement.

Retour des titres de pensions spéciales et des titres de rentes viagères émises par la Caisse nationale des retraites, avec quittances de paiements au pied des certificats de vie.

> *Caisse des dépôts et consignations, art. divers de l'instruction du 1ᵉʳ août 1877.*
>
> *Instruction générale du 20 juin 1859, art. 533, 701, 702, etc.*

Les quittances sont revêtues du cachet : « Vu bon à payer », afin de pouvoir être touchées chez le percepteur de la résidence.

Les titres sont revêtus au verso de l'estampille de paiement.

Annuellement.

Huit jours après la réception des dossiers des percepteurs.

1° Déclarations extraites des registres à souche et auxquelles sont épinglés les avertissements oblitérés ;

2° Lettres invitant les maires à faire distribuer les documents ci-dessus désignés dans la forme usitée pour tous les autres avis de dégrèvements concernant les contributions directes.

Circulaire du 18 décembre 1897, §§ 9 et 11, pages 48 et 51.

Il importe de veiller à ce que les percepteurs envoient bien leurs dossiers dans les délais prescrits par la circulaire précitée.

Annuellement.

Deux fois par an pour chacune des tournées obligatoires des percepteurs dans les communes.

Affiches faisant connaître le jour et l'heure où les percepteurs devront se rendre dans les mairies pour effectuer le travail des mutations foncières (propriétés bâties et non bâties.

Mutations, instruction du 2 mars 1886.

Une lettre d'envoi officielle doit accompagner les affiches adressées à chaque maire.

AUX IMPRIMEURS ADMINISTRATIFS

En août et septembre.

Demandes des imprimés pour l'usage des bureaux de la recette des finances.

Envoyer en double expédition.

Demandes d'imprimés pour la gestion des percepteurs-receveurs municipaux.

Art. 1524, 1548, etc., instruction générale du 20 juin 1859, circulaire du 29 mai 1888, § 1er, etc.

Cet envoi est devenu tout à fait facultatif, les comptables pouvant s'adresser directement à l'imprimeur de leur choix, mais avec l'obligation de faire viser leurs commandes par les receveurs des finances.

En août et septembre.

En août et septembre.

IIIᵉ PARTIE

REMISES DE SERVICE, INSTALLATIONS

PIÈCES A FOURNIR

PAR LES RECEVEURS DES FINANCES

LORS DE LEUR ENTRÉE EN FONCTIONS

AU TRÉSORIER-PAYEUR GÉNÉRAL

I. — NOUVEAUX TITULAIRES.

1° Extrait du décret de nomination, servant de commission, dûment revêtu du timbre de dimension.

Art. 1353, instruction générale du 20 juin 1859.

2° Récépissé de versement au ministère des finances du montant du cautionnement.

Art. 800, 801 et 1354, instruction générale du 20 juin 1859.

3° Acte de prestation de serment par-devant le sous-préfet de l'arrondissement.

Art. 1234 et 1355, instruction générale du 20 juin 1859.

A établir aussitôt l'installation.

Feuille d'installation, en minute et triple expédition.

Art. 1213, 1337, 1355, instruction générale du 20 juin 1859.

A établir dans les deux mois de l'installation.

État général détaillé des soldes en capitaux et intérêts des consignations, tant en numéraire qu'en capitaux représentatifs.

Caisse des dépôts et consignations, instruction générale du 1ᵉʳ décembre 1877, art. 181 et § 3 de la circulaire du 22 juillet 1889.

II. — ANCIENS TITULAIRES.

1° Extrait du décret de nomination servant de commission, dûment revêtu du timbre de dimension.

Art. 1353, instruction générale du 20 juin 1859.

II. — ANCIENS TITULAIRES. (*Suite.*)

2° Ancien acte de prestation de serment, nouvellement enregistré gratis au greffe du tribunal de première instance ou visé à la sous-préfecture.

Art. 1235 et 1355, instruction générale du 20 juin 1859.

3° Procès-verbal de remise de service de la dernière gestion, ou, à défaut, à titre provisoire, certificat constatant la situation régulière de la caisse.

4° Certificat d'inscription de cautionnement relatif à l'ancienne gestion.

5° Certificat du chef de la division du contentieux au ministère des finances, constatant qu'il n'existe ni opposition, ni privilège de second ordre sur le dernier cautionnement, ou, s'il en existe, consentement du bailleur de fonds à l'application à la nouvelle gestion.

6° Certificat de non-opposition sur l'ancien cautionnement, délivré par le greffier du tribunal de première instance.

Art. 1235 et 1355, instruction générale du 20 juin 1859.

7° Récépissé de versement, au ministère des finances, du supplément de cautionnement.

Art. 800, 801 et 1354, instruction générale du 20 juin 1859.

A établir aussitôt l'installation.

Feuille d'installation, en minute et triple expédition.

Art. 1213, 1337 et 1355, instruction générale du 20 juin 1859.

A établir dans les deux mois de l'installation.

État général détaillé des soldes en capitaux et intérêts des consignations judiciaires et administratives, tant en capitaux représentatifs qu'en numéraire.

Caisse des dépôts et consignations, instruction générale du 1er décembre 1877, art. 181, circulaire du 22 juillet 1889, § 3.

PIÈCES A FOURNIR

PAR LES RECEVEURS DES FINANCES

LORS DE LA REMISE DE LEUR SERVICE

AU TRÉSORIER-PAYEUR GÉNÉRAL

1° Numéraire et pièces de dépenses en caisse.

2° Valeurs représentatives en caisse.

3° Valeurs de portefeuille. (Traites de coupes de bois, traites de douanes et sels, obligations des redevables des contributions indirectes, etc.)

4° Bordereaux détaillés, par nature de valeurs, des soldes débiteurs des comptes de caisse et de portefeuille, en double expédition.

5° Balance des comptes du Grand-Livre, en double expédition.

6° Situation, *par perception,* des rôles et titres de perception, recouvrements et restes à recouvrer sur contributions directes, taxes assimilées, amendes et condamnations, frais de poursuites sur contributions directes, frais de poursuites sur amendes et condamnations, exercice courant et exercice précédent, en double expédition.

7° États détaillés des restes à recouvrer sur produits éventuels départementaux (division par chapitres), en double expédition.

8° États détaillés des restes à recouvrer sur cotisations municipales et particulières (division par chapitres), en double expédition.

9° Détail particulier des soldes existant aux comptes : « Recouvrements pour le Compte des caisses d'épargne » ; « Percepteurs, L/C de fonds de subvention pour le service du Trésor » ; « Fonds particuliers ».

10° État détaillé des journaux à souche des percepteurs des contributions directes et receveurs spéciaux, par séries, dont le montant a été payé à l'Imprimerie nationale et doit être remboursé par le successeur, en double expédition.
Art. 1384 à 1388, instruction générale du 20 juin 1859.

11° Inventaires des registres, documents de comptabilité, instructions, circulaires, archives, etc., en double expédition.
Art. 1384 à 1388, instruction générale du 20 juin 1859.

12° Inventaire général du matériel, des imprimés et fournitures de bureau, à céder au successeur.
Circulaires des 27 décembre 1865, § 3, 26 avril 1879, § 2, et 7 mai 1879.

13° État des frais et du personnel de la recette des finances, du 1ᵉʳ janvier au jour de la remise de service, en triple expédition.

Circulaires des 20 décembre 1880 et 31 mars 1887.

14° Formules, en solde, des carnets de récépissés.

Circulaire du 26 décembre 1896, § 20.

15° *Service spécial de la Caisse des dépôts et consignations.*

Remise des instructions des 15 octobre 1877, 30 novembre 1877, 1ᵉʳ décembre 1877, 15 janvier 1878, 31 janvier 1878, 30 novembre 1879, 1ᵉʳ décembre 1868, 1ᵉʳ août 1877, 5 mars 1887, circulaires de 1805 à 1894.

16° Inventaires spéciaux des registres, dossiers, circulaires, archives, etc.

Caisse des dépôts, art. 183, instruction du 1ᵉʳ décembre 1877, § 3, circulaires des 22 juillet 1889 et 4 juillet 1891, § 9, modèle 4, en quadruple expédition.

17° Relevés détaillés de toutes les pièces composant chaque dossier de la Caisse des dépôts et consignations (pour les consignations judiciaires et administratives), en quadruple expédition.

Circulaires des 22 juillet 1889 et 4 juillet 1891.

DOCUMENTS A ÉTABLIR

PAR LES RECEVEURS DES FINANCES

LORS DE L'INSTALLATION D'UN PERCEPTEUR SURNUMÉRAIRE

Après la justification de la prestation de serment par-devant le sous-préfet et la présentation de la commission, dûment revêtue du timbre de dimension, le receveur des finances établit un procès-verbal d'installation (soit à la recette des finances, si le surnuméraire y demeure provisoirement, soit dans la perception où le surnuméraire est attaché aux termes des instructions) et en adresse deux expéditions au trésorier-payeur général.

Il y joint également deux expéditions de la feuille d'installation, modèle 247, remplie par le percepteur surnuméraire.

Art. 1203, instruction générale du 20 juin 1859.

DOCUMENTS A ÉTABLIR

PAR LES RECEVEURS DES FINANCES

LORS D'UNE REMISE DE SERVICE

D'UN PERCEPTEUR-RECEVEUR MUNICIPAL

ET DE L'INSTALLATION DU NOUVEAU TITULAIRE

Procès-verbal de remise de service.

La minute reste dans les archives de la recette des finances et il est établi : 1° une expédition de la première partie de ce procès-verbal, pour être remise au comptable sortant ; 2° une expédition de la deuxième partie, que l'on remet au nouveau titulaire.

Art. 1329 à 1337 et 1522, instruction générale du 20 juin 1859.

Extrait du procès-verbal de remise de service.

Cet état est établi en minute et double expédition. La minute est conservée aux archives et les deux expéditions sont envoyées au trésorier-payeur général.

Art. 1330 à 1337, instruction générale du 20 juin 1859.

Le receveur des finances adresse aussi au trésorier-payeur général trois expéditions des feuilles d'installation établies par le percepteur-receveur municipal.
La minute reste à la recette des finances.

Art. 1213 et 1337, instruction générale du 20 juin 1859.

Le receveur des finances établit un décompte général des remises revenant à l'ancien titulaire, selon le modèle n° 263, en usage pour les gestions spéciales, et en adresse une expédition au trésorier-payeur général. Il établit également le mandat des remises sur taxes diverses et frais d'avertissements dus à l'ancien titulaire et adresse le tout au visa de paiement du trésorier-payeur général.

Art. 1298 et 1330, instruction générale du 20 juin 1859.

DOCUMENTS A REMETTRE

AUX RECEVEURS DES FINANCES

PAR LES PERCEPTEURS-RECEVEURS MUNICIPAUX

LORS DE L'ENTRÉE EN FONCTIONS

NOUVEAUX COMPTABLES.

1° Récépissé de versement du cautionnement.
  Art. 1234, instruction générale du 20 juin 1859.

2° Acte de prestation de serment devant le sous-préfet.
  Art. 1234 et 1331, instruction générale du 20 juin 1859.

3° Commission, dûment revêtue du timbre de dimension.
  Art. 1236, instruction générale du 20 juin 1859.

4° Feuille d'installation, en minute et triple expédition. (*Les formules sont remises
au comptable par le receveur des finances.*)
  Art. 1213 et 1337, instruction générale du 20 juin 1859.

ANCIENS COMPTABLES.

1° Commission de percepteur, dûment revêtue du timbre de dimension.
  Art. 1236, instruction générale du 20 juin 1859.

2° Ancienne prestation de serment, enregistrée nouvellement à la sous-préfecture.
  Art. 1235, instruction générale du 20 juin 1859.

3° Certificat d'inscription de l'ancien cautionnement.
  Art. 1235, instruction générale du 20 juin 1859.

4° Procès-verbal de remise de service, ou, à défaut, un certificat constatant la situation régulière de la caisse.
  Art. 1235, instruction générale du 20 juin 1859.

5° Certificat du chef de la division du contentieux, constatant qu'il n'existe ni opposition, ni privilège de second ordre sur l'ancien cautionnement, ou, s'il en existe, consentement du bailleur de fonds à la nouvelle application.

Art. 1235, instruction générale du 20 juin 1859.

6° Certificat de non-opposition sur l'ancien cautionnement, délivré par le greffier du tribunal de première instance de l'arrondissement.

Art. 1235, instruction générale du 20 juin 1859.

7° Récépissé de versement de supplément de cautionnement (*s'il y a lieu, bien entendu*).

Art. 1235, instruction générale du 20 juin 1859.

8° Feuille d'installation, en minute et triple expédition. (*Ces formules sont remises au comptable par le receveur des finances.*)

Art. 1213 et 1337, instruction générale du 20 juin 1859.

N. B. — Beaucoup de receveurs des finances, consentant à ne pas faire verser aux nouveaux comptables la totalité du cautionnement et se faisant seulement justifier du versement du supplément de cautionnement, comme il a été indiqué plus haut, exigent cependant de ces comptables la *production* d'un certificat de l'*ancien chef de service*, consentant à l'application provisoire du cautionnement de l'ancienne gestion à la garantie de la *nouvelle gestion*. Ce certificat n'a aucune valeur administrative, mais sa production est cependant tolérée, car il constitue un satisfecit du dernier chef de service et éclaire la religion du nouveau chef sur la moralité et le degré de confiance à accorder au nouveau titulaire de la perception. Il est évident que lorsqu'un percepteur présente à son nouveau receveur des finances un procès-verbal de remise de service sans aucune réserve, et en outre un certificat attestant spécialement la parfaite régularité de sa gestion, il serait vraiment rigoureux de lui faire verser la totalité du nouveau cautionnement.

DOCUMENTS A REMETTRE

PAR LES PERCEPTEURS-RECEVEURS MUNICIPAUX

AUX RECEVEURS DES FINANCES

LORS D'UNE REMISE DE SERVICE

1° Bordereau de situation sommaire, modèle 308, en double expédition.

> *Art. 1294, 1295, etc., instruction générale du 20 juin 1859 ; circulaires des 16 juillet 1874, 12 janvier 1883.*

2° Valeurs de caisse et de portefeuille, pièces de dépenses publiques, de trésorerie, coupons de rentes, valeurs représentatives, etc. Pièces justificatives des avances (formules de passeports, reçus des économes d'établissements charitables, états de frais communaux, etc.).

> *Art. 1332, instruction générale du 20 juin 1859.*

3° Rôles des contributions directes et des taxes assimilées, rôles des produits communaux, etc. de l'exercice courant et des deux exercices précédents.

États des frais de poursuites sur contributions directes et sur produits communaux.

Contraintes extérieures en recouvrement.

Titres de perception sur produits éventuels départementaux et cotisations municipales et particulières.

Extraits de jugements de condamnations en cours de recouvrement.

Extraits de jugements des surséances.

Sommiers de prise en charge de surséances, établis par la recette des finances.

Registres de comptabilité de toute nature, sommiers de titres sur amendes et condamnations pécuniaires, livres de détail, carnets auxiliaires, carnets des titres de perception et des dépenses à long terme, carnets des contraintes extérieures, des commissions extérieures, des excédents de versements sur contributions directes et produits communaux, des timbres mobiles, etc.

Répertoire des amendes et condamnations, soit en registres, soit en fiches mobiles.

Instruction générale, instruction sur les mutations, instruction des amendes et condamnations, instruction sur les chemins vicinaux, instructions sur la Caisse nationale des retraites et les Caisses d'assurances en cas de décès et d'accidents, cahiers de notes pour le service des contributions directes, carnets des ordonnances de décharge sur contributions directes et produits communaux, etc., etc.

Art. 1332, etc., instruction générale du 20 juin 1859, instruction du 5 juillet 1895 sur les amendes et condamnations pécuniaires, etc.

4° Titres de recettes, titres de perception de toute nature.

Titres de rentes sur l'État.

Archives, circulaires diverses.

Art. 1332, etc., instruction générale du 20 juin 1859.

5° Inventaires des rôles, registres de comptabilité, titres de recettes, titres de perception, instructions, circulaires, etc., en double expédition.

Art. 1332, etc., instruction générale du 20 juin 1859.

6° États des restes à recouvrer sur contributions directes et taxes assimilées, *détaillés,* en double expédition.

États des restes à recouvrer sur amendes et condamnations pécuniaires, frais sur amendes et condamnations avec pièces justificatives à l'appui.

États des restes à recouvrer sur frais sur contributions et frais sur produits communaux.

États des restes à recouvrer sur prestations, taxes des chiens, affouages, etc., et tous autres produits communaux (titres annexés) en double expédition.

Art. 95, 1333, 1510, etc., instruction générale du 20 juin 1859 ; instruction sur les amendes du 5 juillet 1895.

7° Pièces de dépenses concernant le service des communes et des établissements de bienfaisance, payées sur l'exercice courant.

(Après examen et pointage avec les écritures, elles sont rendues au comptable pour l'établissement ultérieur de ses comptes de gestion.)

Art. 1335, instruction générale du 20 juin 1859.

8° Bordereaux détaillés des recettes et dépenses des communes et des établissements, en double expédition. Il n'est plus exigé généralement de bordereaux détaillés spéciaux. Par tolérance, les comptables ouvrent des colonnes supplémentaires à l'encre rouge, sur les bordereaux en cours de service.)

Art. 1334, instruction générale du 20 juin 1859.

9° Minutes des anciens comptes de gestion, des anciens bordereaux détaillés et récépissés de versements délivrés par la recette des finances.

Art. 1332, etc., instruction générale du 20 juin 1859.

10° *Par les percepteurs désignés comme agents comptables des Facultés.*

Bordereaux détaillés des titres de propriétés foncières, rentes et créances composant l'actif de ces Facultés

Circulaire de la Comptabilité publique du 27 mars 1890, n° 1600.

DOCUMENTS A FOURNIR

AUX RECEVEURS DES FINANCES

PAR LES AGENTS OU GÉRANTS INTÉRIMAIRES

LORS DE LEUR ENTRÉE EN FONCTIONS

Nomination par le préfet ou le sous-préfet. (Ces agents ne sont astreints à aucun cautionnement.)

LORS DE LEUR REMISE DE SERVICE

1° Les mêmes documents que ceux fournis par les percepteurs titulaires, et indiqués précédemment.

2° États de frais, dûment accompagnés de toutes quittances justificatives des fournisseurs.

Ces états de frais sont soumis à la vérification de la recette des finances et de la trésorerie générale et servent de base à l'allocation à proposer au profit de l'agent intérimaire.

3° Les receveurs des finances établissent le décompte de remises afférentes à la gestion et doivent tenir compte, dans leurs propositions, du zèle de l'agent et des difficultés du service.

A titre accessoire, il est fait remarquer que les gérants intérimaires grossissent très souvent leurs notes d'une façon dérisoire et arrivent à un chiffre de frais toujours trop élevé et contraire à la vérité.

Toutes les indications relatives aux gestions intérimaires sont relatées dans les articles 1310, 1330 et suivants de l'instruction générale du 20 juin 1859.

IVe PARTIE

DOCUMENTS A ADRESSER

PAR LES PERCEPTEURS-RECEVEURS MUNICIPAUX

AUX RECEVEURS DES FINANCES

Par journée.

Accusé de réception des documents transmis par le receveur des finances.
Art. 1286 et 1292, instruction générale du 20 juin 1859, circulaire du 22 septembre 1879.

A transcrire sur le registre de correspondance des percepteurs.

Sauf les jours fériés, les jours de tournées, les jours de versements et le dernier jour du mois.

Situation de caisse.
Circulaire du 24 août 1878, § 1er.

Cette situation doit fournir la division de l'encaisse pour le Trésor et les communes. Elle doit mentionner exactement toutes les causes de la conservation d'encaisses plus élevées que celles autorisées par la recette des finances.
La date des prochains versements doit y être annoncée.

Chaque jour, s'il y a eu opération

Duplicata du relevé détaillé des recettes effectuées pour le compte de la caisse nationale de retraites pour la vieillesse.
Bordereau n° 10, art. 181 de l'instruction du 5 mars 1887, caisse des retraites pour la vieillesse.

Le primata est envoyé directement par les percepteurs à la Caisse des dépôts et consignations.

Titres de rentes sur l'État 3 p. 100, 3 1/2 p. 100, 3 p. 100 amortissable, nominatifs et mixtes, déposés pour réunion, renouvellement, mutation, division, conversion, etc.
Circulaires des 10 février 1883 et 21 mars 1883.

Ces titres, dûment accompagnés d'une petite fiche rose constatant l'inscription aux écritures, sont adressés sous pli chargé, en franchise.

Par journée. (*Suite.*)

Talons des bulletins de transactions forestières constatant que les délinquants ont payé ou n'ont pas payé le montant de leurs condamnations.

Amendes, art. 175, instruction du 5 juillet 1895.

En cas de non paiement, indiquer les démarches faites pour arriver au recouvrement et donner des renseignements sur la solvabilité des débiteurs.

Extraits provisoires des amendes et condamnations recouvrés, à prendre en charge d'une façon définitive par la recette des finances.

Amendes, art. 78, instruction du 5 juillet 1895.

Les percepteurs ont un délai d'un mois pour recouvrer les extraits provisoires.

Par semaine.

Service des caisses d'épargne (s'il y a eu opération).

1° Placements.

Bordereau des versements, en double expédition, bordereau récapitulatif, demandes de nouveaux livrets, livrets anciens, quittances à souche acquittées au verso pour constater la remise des livrets.

2° Remboursements.

Demandes de remboursements, bordereau des demandes de remboursements, en double expédition, bordereau récapitulatif, livrets des titulaires et pièces justificatives pour remboursements à des héritiers.

Circulaire du 25 août 1875.

Ce service ne concerne que les percepteurs désignés spécialement pour être les auxiliaires des caisses d'épargne de l'arrondissement.

Par semaine. (*Suite.*)

Par mois.

   Le 1er.

   Bordereau de situation sommaire, modèle 308 modifié.
      Art. 1294, 1295, 1514, 1516, instruction générale du 20 juin 1859,
      circulaires des 16 juillet 1874 et 12 janvier 1883, etc.

Il est d'usage dans beaucoup de recettes des finances de demander la division des restes
à recouvrer sur les exercices expirés en trois parties :
1° Cotes à recouvrer ;
2° Cotes en réclamation ;
3° Cotes supposées irrecouvrables.
Du reste, chaque département a un modèle spécial.

   Le 10.

   Retour des états établis par la direction des contributions directes, mo-
      dèles A et B, réclamations et rejets.
         Circulaire du directeur général des contributions directes, n° 871,
         du 30 avril 1895.

Les renseignements consignés sur ces états doivent être transcrits avec le plus grand
soin sur les rôles des contributions directes, afin d'éviter des plaintes de la part des
contribuables.

   État des restes à recouvrer sur amendes et condamnations.
      Amendes, art. 534, instruction du 5 juillet 1895, modèle très réduit.

Réglementairement, cet état est trimestriel ; mais il est maintenant d'usage de le faire
produire mensuellement.

Date à fixer dans chaque arrondissement.

   Primata des reçus des sommes déposées par les percepteurs à la Banque
      de France.
         Circulaire du 31 décembre 1897.

Les percepteurs qui ont reçu l'autorisation d'effectuer des versements dans les conditions prévues par la circulaire citée ci-dessus devront faire personnellement un
versement mensuel à la recette des finances et profiteront de ce versement pour
remettre leurs primata.

Par trimestre.

Le jour de la remise aux comptables.

Titres de rentes nominatifs remis aux comptables (3 p. 100, 3 1/2 p. 100,
3 p. 100 amortissable), titres de rentes viagères, titres de pensions spéciales pour être estampillés avec quittances de paiements préparées
pour être visées.

> *Art. 861, 1450, etc., instruction générale du 20 juin 1859, instruc-
> tions spéciales de la Caisse des dépôts et consignations.*

Ces divers documents, dûment récapitulés par rentes et par ordre numérique, doivent
être adressés sous pli chargé, en franchise.

Cinq jours avant chaque échéance de rentes.

Titres de rentes des communes et établissements de bienfaisance, quittances
d'arrérages dûment préparées et bordereau d'envoi spécial, pour estam-
pillage des titres et visa des quittances.

> *Art. 861, 1450, instruction générale du 20 juin 1859.*

Mêmes remarques que ci-dessus.

Des 1er au 10 janvier, 10 avril, 10 juillet, 10 octobre.

Etat des poursuites à exercer contre les délinquants forestiers insolvables
désignés par le conservateur pour être incarcérés.

> *Amendes, art. 350, instruction du 5 juillet 1895, modèle 52.*

A établir en double expédition.

État des condamnés insolvables contre lesquels la contrainte par corps
peut être exercée.

> *Amendes, art. 346, instruction du 5 juillet 1895.*

A établir en double expédition.
Fournir très sérieusement les indications d'après lesquelles les condamnés ont été re-
connus insolvables.

Expéditions, certifiées par les comptables et visées par les maires, des
bordereaux détaillés des communes et établissements composant le ressort de la perception.

> *Art. 1296, 1517, etc., instruction générale du 20 juin 1859, circu-
> laire du 24 août 1878, § 10.*

Ces bordereaux détaillés, établis d'après les résultats du livre de détail général, doivent
concorder avec ceux du dernier bordereau mensuel n° 308, déjà adressé à la recette
des finances.
En fin d'exercice, remplir les colonnes de restes à recouvrer, restes à payer et crédits
annulés faute d'emploi.

États des créances pour frais de route aux voyageurs indigents.

> *Art. 1495, instruction générale du 20 juin 1859.*

Dans beaucoup d'arrondissements, ces états sont envoyés directement par les comptables
à la sous-préfecture, pour être transmis à la préfecture.

Par trimestre. (*Suite.*)

Relevés des fournitures de boissons faites aux établissements de bienfaisance.

Circulaires des 14 janvier 1887, § 9, et 15 décembre 1896, § 11.

S'il n'y a pas eu de fournitures, le comptable doit adresser un certificat négatif à la recette des finances. Les vinaigres doivent y figurer.

État des restes à recouvrer sur amendes.

Amendes, instruction du 5 juillet 1895.

État trimestriel, mais demandé mensuellement pour faciliter la vérification des receveurs des finances. Employer un modèle très simple.

Les 30 mars, 30 juin, 30 septembre, 31 décembre.

Reconnaissances constatant la réception des traites de coupes ordinaires de bois transmises par le receveur des finances pour être encaissées le dernier jour du trimestre courant.

Art. 757, 760, 955, etc., instruction générale du 20 juin 1859.

A envoyer sous pli chargé, en franchise.

Des 1ᵉʳ au 5 avril, 5 juillet, 5 octobre et du 15 au 20 décembre.

État des patentes délivrées par anticipation.

Circulaire de la comptabilité publique du 4 avril 1889, § 1ᵉʳ.

A établir seulement par les percepteurs désignés spécialement pour ce service par les directeurs des contributions directes.

Des 1ᵉʳ au 10 janvier, 10 avril, 10 juillet, 10 octobre.

PAR LES PERCEPTEURS, AGENTS COMPTABLES DES FACULTÉS.

Expédition du bordereau sommaire des recettes et des dépenses.

Circulaire n° 1600, comptabilité publique, du 27 mars 1890.

Cette expédition doit être visée par le doyen de la Faculté.

Par semestre.

Les 5 janvier, 5 juillet.

État des paiements faits pour le compte des invalides de la marine.

Circulaire du 15 mai 1822, art. 1964, instruction générale du 20 juin 1859, décret du 17 novembre 1885.

Cet état comprend les remises revenant aux percepteurs pour ces paiements spéciaux.

Les 10 janvier, 10 juillet.

Situation du compte courant des communes et établissements (hospices, bureaux de bienfaisance, syndicats, monts-de piété, fabriques, etc.).

Circulaires des 26 décembre 1896, § 9, et 31 décembre 1896.

Tous les fonds sont placés avec un intérêt de 1 $\frac{1}{2}$ p. 100.

Les 31 janvier, 31 juillet.

Relevé des condamnations pécuniaires pour lesquelles il y a lieu de renouveler les inscriptions hypothécaires.

Amendes, modèle 29, art. 240, instruction du 5 juillet 1895.

Annexer des certificats d'indigence ou de solvabilité établis par les maires et visés par l'Enregistrement.

Relevé des articles des sommiers de surséances des amendes et condamnations sur le point d'être atteints par la prescription.

Amendes, modèle 29, art. 553, instruction du 5 juillet 1895.

PRESCRIPTION.

3e année après l'inscription de l'article pour les condamnations correctionnelles.

La dix-huitième pour les condamnations criminelles et la vingt-huitième pour les frais de justice.

Joindre des certificats d'indigence ou de solvabilité établis par les maires et visés par les receveurs de l'enregistrement.

Les 22 juin, 22 novembre.

États des paiements faits sur adjudications et marchés.

Circulaires des 10 juillet 1865, 10 mars 1876, 25 avril 1882, 10 juillet 1891, § 1er, et 15 décembre 1896, § 1er.

Ces états sont établis en double expédition.

La première, sur imprimé à la charge des percepteurs, est adressée au directeur de l'enregistrement.

La deuxième est adressée au directeur des contributions directes, sur imprimé envoyé par ce fonctionnaire.

30 jours avant la tournée générale du contrôleur des contributions directes et du 1er au 5 novembre.

Extraits des cahiers de notes tenus par les percepteurs pour tous les renseignements relatifs à l'assiette de l'impôt.

Circulaires des 18 décembre 1853, 31 mars 1884 et 2 mars 1886,

Par semestre. (*Suite.*)

*circulaire spéciale n° 876, du 8 juillet 1895, du directeur général
des contributions directes.*

Ces extraits doivent contenir :

1° Les noms des nouveaux habitants susceptibles d'être imposés à la cote personnelle et mobilière ;

2° Les noms des nouveaux patentables ;

3° Les changements d'adresses ;

4° Enfin, tous les renseignements pouvant avoir pour objet de modifier la cote des contribuables.

Par année.

Le 2 janvier.

Procès-verbal de clôture des registres de l'exercice expiré.

*Art. 1519, instruction générale du 20 juin 1859, art. 1541, même
instruction, circulaire du 15 décembre 1897, § 13.*

Ce procès-verbal est signé par le percepteur, le maire de la commune et un conseiller municipal.

État annexe au bordereau de situation sommaire, donnant le développement des services hors budgets.

Art. 1519, 1541 et 1551, instruction générale du 20 juin 1859.

Transcrire les résultats de cet état sur les bordereaux détaillés, afin d'éviter toute erreur dans l'établissement ultérieur des comptes de gestion.

Par année. (*Suite.*)

  Le 5 janvier.

État des recettes effectuées sur déclarations de locations verbales.

Circulaires des 23 novembre 1871, § 6, et 4 mars 1881, n° 1354.

Les percepteurs ne doivent pas perdre de vue que leur concours est obligatoire pour la réception des locations verbales, et les receveurs des finances ne sauraient trop insister pour leur rappeler cette prescription, perdue de vue par beaucoup de comptables.

Envoi des déclarations faites par les propriétaires pour déléguer à leurs fermiers le paiement des contributions.

Documents à transmettre au directeur des contributions directes.
État récapitulatif à l'appui.

Déposer à la recette des finances les documents de la troisième année, savoir :

Rôles des contributions directes (foncière, personnelle et mobilière, patentes, portes et fenêtres) primitifs et supplémentaires ;

Rôles des taxes assimilées ;

Livre des comptes divers ;

Livre récapitulatif ;

Journaux à souche.

Art. 96, 1365 et 1527, instruction générale du 20 juin 1859, circulaire du 15 décembre 1897.

Un seul inventaire (en double expédition) est établi pour tous ces divers documents (modèle C, prescrit par le § 12 de la circulaire du 15 décembre 1897).
Une des expéditions, revêtue de l'accusé de réception, est retournée ultérieurement aux comptables.

État de fixation des jours de tournées du percepteur, pour l'année courante.

Art. 73, instruction générale du 20 juin 1859, art. 26 du règlement des poursuites du 1ᵉʳ mars 1862.

A fournir en double expédition.
Une expédition est conservée par la recette des finances ; la deuxième, dûment visée par la recette des finances et la sous-préfecture, doit être affichée dans le bureau du percepteur.

État de proposition des jours de versements du percepteur, pour l'année courante.

Art. 89, instruction générale du 20 juin 1859.

A établir en double expédition.
L'une, destinée à la recette des finances ; la seconde devant être affichée dans le bureau du percepteur.

  Du 10 au 25 janvier.

Lettre officielle constatant que le comptable a bien acquitté entre les mains

Par année. (*Suite.*)

du receveur de l'enregistrement la taxe de 3 p. 100 due sur les intérêts des emprunts communaux.

Circulaire du 25 août 1879.

Veiller à ce que le droit de transmission soit aussi payé exactement.

État des cotes indûment imposées sur contributions directes et taxes assimilées.

Art. 128 à 139, instruction générale du 20 juin 1859, circulaire du 20 mai 1893, § 7.

En double expédition.

Avis, par commune, des dates de réception et de publication des rôles et de la remise des avertissements.

Circulaire du 1er décembre 1892.

Le délai définitif pour l'envoi de ce document est le 1er février.

État des cotes indûment imposées sur les rôles des prestations.

Art. 888, instruction générale du 20 juin 1859, circulaire du 20 mai 1893, § 7.

En double expédition.

État des cotes indûment imposées sur poids et mesures.

Art. 268, instruction générale du 20 juin 1859, circulaire du 20 mai 1893, § 7.

L'envoi de cet état est retardé généralement, le rôle des poids et mesures étant (fait regrettable) émis à une époque tardive de l'année, dans beaucoup d'arrondissements.

Envoi des *réclamations* relatives aux contributions dues par les compagnies de chemins de fer.

Circulaire du 25 septembre 1897, § 2.

À transmettre par les receveurs des finances à M. le Directeur général de la comptabilité publique.

Bordereaux des impositions dues par l'État (administration des contributions indirectes) pour impôts des francs-bords des canaux et rivières canalisées.

Circulaire du 18 février 1891, § 9.

Joindre un état récapitulatif.

Communication des certificats des maires constatant que les comptables ont bien déposé aux archives communales les rôles de prestations, de chiens, etc., ayant trois années d'existence.

Circulaire du 30 janvier 1867.

Après visa de la recette des finances, ces documents sont retournés au percepteur, qui doit les conserver dans ses archives.

Par année. (*Suite.*)

Le 31 janvier.

État de proposition des jours de tournée des mutations.

Art. 89, instruction générale du 20 juin 1859.

Il s'agit seulement de la première tournée spéciale à effectuer par le percepteur.

Du 20 au 28 février.

État des restes à recouvrer sur amendes et condamnations, frais d'extraits de jugements, frais de poursuites sur amendes et condamnations pécuniaires dûment accompagnés des extraits de jugements non recouvrés et de toutes pièces justifiant l'irrecouvrabilité.

Amendes, modèle 86, art. 534, instruction du 5 juillet 1895.

Ces états doivent être établis en double expédition.

Les pièces justificatives à produire sont les expéditions des relevés trimestriels d'insolvables, les avis d'acceptation de recours en grâce, les certificats d'indigence, d'absence, les certificats de dépôt d'armes au greffe et enfin les certificats de réduction établis par les greffiers des divers tribunaux.

Le 28 février.

États des restes à recouvrer sur contributions directes de toute nature, taxes assimilées de toute nature, frais sur contributions directes de l'exercice précédent.

Art. 1510, 1511, etc., instruction générale du 20 juin 1859.

À produire en double expédition.

Les percepteurs doivent justifier qu'ils se sont forcés en recettes des différences en moins existant entre les restes à recouvrer et les écritures.

D'un autre côté, ils doivent justifier qu'ils ont passé au compte des excédents de versements sur contributions directes les excédents de recouvrement existant d'après les états de restes à recouvrer.

États des cotes irrecouvrables sur contributions directes de toute nature, taxes assimilées de toute nature, frais de poursuites sur contributions directes.

Art. 95, 1333, 1510, 1511, etc., instruction générale du 20 juin 1859.

À établir en double expédition.

Annexer les pièces justificatives.

Certificats d'indigence et d'absence, établis par les maires, visés par la sous-préfecture.

Certificats de carence établis par les porteurs de contraintes.

Le 25 mars.

États des cotes irrecouvrables sur les divers produits communaux.

Rôles des chiens, de prestations, d'affouage, etc.

Frais de poursuites sur produits communaux.

Art. 95, 1333, 1510, 1511, etc., instruction générale du 20 juin 1859.

Mêmes remarques que ci-dessus.

Par année. (*Suite.*)

Quittances à souche constatant l'encaissement des intérêts dus par l'État sur placement des communes et des établissements divers pour l'exercice expiré.

> *Art. 772 et 940, instruction générale du 20 juin 1859.*

Ces quittances s'établissent aussitôt la réception des décomptes de placements revenus approuvés par la recette des finances et la trésorerie générale.

État des erreurs commises dans la confection et l'établissement des rôles des contributions directes.

> *Art. 55, instruction générale du 20 juin 1859.*

À transmettre au directeur des contributions directes.

En avril.

Comptes de gestion des recettes et dépenses établis par les receveurs pour les communes et établissements (hospices, bureaux de bienfaisance, syndicats, monts-de-piété, fabriques, etc.) pour l'exercice expiré, à l'effet d'être soumis à la première vérification de leurs résultats.

> *Art. 1302, instruction générale du 20 juin 1859 et circulaire du 30 janvier 1866.*

Les résultats des comptes de gestion sont vérifiés à l'aide des bordereaux détaillés du cinquième trimestre de l'exercice expiré et des situations sommaires mod. 308, aux dates des 31 décembre de l'exercice précédent et 31 mars de l'exercice courant.

L'état annexe des services hors budgets au 31 décembre précédent est aussi utilement consulté.

Comptes de gestion des recettes et dépenses spéciales du service vicinal.

> *Art. 234, instruction du 6 décembre 1870 et circulaire du 31 mars 1875.*

Ces comptes de gestion, divisés par nature de chemins et par numéros de lignes, doivent donner des résultats identiques à ceux transcrits sur les comptes de gestion ci-dessus désignés, en ce qui concerne les crédits, les recettes, les dépenses, les restes à recouvrer et les restes à payer du service vicinal.

Ces comptes étant destinés à être transmis à l'agent voyer d'arrondissement, les receveurs doivent s'efforcer, avant leur envoi, de se mettre d'accord avec les agents de ce service.

(PAR LES PERCEPTEURS, AGENTS COMPTABLES DES FACULTÉS.)

Comptes de gestion des recettes et des dépenses de l'exercice expiré, pour première vérification.

> *Circulaire de la Comptabilité publique, n° 1600, du 27 mars 1890.*

À vérifier avec les bordereaux détaillés et les situations aux 31 décembre et 31 mars.

Éventuellement.

Relevé des recettes ordinaires et extraordinaires des communes et établissements de bienfaisance.

Par année. (*Suite.*)

> *Modèle A, circulaires des 18 décembre 1877, 8 février 1886, 27 avril 1887 et 10 juin 1896, § 6.*

État supprimé en principe, mais l'administration s'est réservé le droit de le faire établir si elle le jugeait utile.

Relevé des dépenses ordinaires et extraordinaires des communes et établissements.

> *Modèle B, circulaires des 18 décembre 1877, 8 février 1886 et 27 avril 1887.*

État supprimé en principe, mais l'administration s'est réservé la faculté de le faire établir si elle le juge utile.

En mai et juin.

Comptes de gestion de l'exercice expiré, établis par les receveurs pour les communes et les divers établissements (hospices, bureaux de bienfaisance, syndicats, monts-de-piété, fabriques, etc.).

> *Art. 1302, 1535, etc., instruction générale du 20 juin 1859, circulaire du 30 janvier 1866.*

Ces comptes sont déposés pour la deuxième fois avec toutes les pièces justificatives des recettes et des dépenses tant pour les services budgétaires que pour les services hors budgets. Il doit y être annexé les délibérations des conseils municipaux et des commissions administratives approuvant les comptes de gestion.
Doivent toujours être adressés sous plis chargés en franchise.

(PAR LES PERCEPTEURS, AGENTS COMPTABLES DES FACULTÉS.)

Comptes de gestion (recettes et dépenses) de l'exercice expiré.

> *Circulaire de la Comptabilité publique, n° 1600, du 27 mars 1890.*

Mêmes remarques que ci-dessus.

Propositions de fixation des jours de la deuxième tournée spéciale des mutations foncières.

> *Circulaire du 31 mars 1884, instruction du 2 mars 1886.*

Tournée à effectuer par le percepteur avant la tournée générale du contrôleur des contributions directes.

Le 31 juillet.

Relevés des débiteurs d'amendes de chasse qui ne se sont pas encore libérés du montant de leurs condamnations.

> *Amendes, modèle 77, art. 504, instruction du 5 juillet 1895.*

A établir par ordre alphabétique avec l'aide des sommiers de surséances établis par les receveurs des finances, en dépôt dans les perceptions.

Commandes d'imprimés administratifs pour l'exercice suivant.

> *Art. 1524 et 1548, instruction générale du 20 juin 1859, circulaire du 29 mai 1888, § 1er, etc.*

Les percepteurs sont tenus de se conformer aux modèles donnés par l'administration.

Par année. (*Suite.*)

> Ils sont libres de faire adresser leurs commandes aux imprimeurs de leur choix, mais ils sont tenus de faire viser ces commandes par les receveurs des finances.

En novembre.

Quittances à souche constatant l'encaissement aux services hors budgets, à titre de recettes avant l'ouverture de l'exercice, du montant des traites de coupes de bois à encaisser l'exercice suivant.

> *Art. 757, 760, 955, 962, 967 et 1167, instruction générale du 20 juin 1859.*

Quittances à remettre au sous-préfet de l'arrondissement.

État des excédents de versements sur contributions directes, exercice expiré, non encore remboursés, et destinés à être transportés au compte « Reliquats sur divers services ».

> *Circulaires des 24 décembre 1861 et 23 janvier 1864.*

Cet état est établi à l'aide du carnet des ordonnances de décharge.

À partir du 1er janvier suivant, les excédents portés sur l'état indiqué ci-contre ne doivent plus être payés par les comptables qu'avec l'autorisation de leurs chefs de service.

En décembre, du 1er au 20.

États d'option des prestataires ayant déclaré opter pour le travail en nature.

> *Art. 888, instruction générale du 20 juin 1859, instruction des chemins vicinaux du 20 novembre 1877.*

À transmettre au sous-préfet qui les fait parvenir au service vicinal.

Récapitulation, par commune, du montant des options en nature et en argent, faites sur les rôles de prestations.

> *Art. 888, instruction générale du 20 juin 1859.*

Mêmes remarques que ci-dessus.

Ces résultats sont, en outre, transcrits par les receveurs des finances sur leur carnet d'échéances.

Le 15 décembre.

Rapport sur la circulation monétaire et fiduciaire pendant l'année courante.

> *Circulaire du 20 décembre 1882.*

Ce rapport doit énoncer tous les faits spéciaux qui ont pu se passer dans l'année et donner, en outre, les impressions personnelles des comptables.

Par année. (*Suite.*)

Après l'expiration du délai de trois jours donné aux maires pour transmettre aux percepteurs les demandes déposées dans les mairies durant le mois de la publication des rôles. (Le délai court à partir de l'expiration de celui donné pour la transmission à la perception des demandes déposées dans la mairie la plus en retard pour la publication des rôles.)

1° Les états généraux de dégrèvements de toutes les communes (après les avoir inscrits sur le carnet spécial);

2° Les bordereaux *A*, contenant les demandes sans les avertissements;

3° Les bordereaux *B*, contenant les demandes rejetées avec les avertissements à l'appui;

4° Les bordereaux *C*, renfermant les demandes ajournées, également avec les avertissements à l'appui;

5° Les liasses de déclarations extraites du registre à souche et auxquelles sont épinglés les avertissements oblitérés;

6° Un certificat accompagnant chaque liasse et attestant le nombre de déclarations qu'elle renferme;

7° Une note relatant le numéro de la dernière formule extraite du registre à souche, le nombre de formules annulées, le total général du registre à souche.

> *Circulaires des 18 décembre 1897, § 9, titre 18, page 66, et 23 janvier 1898, §§ 1 et 3.*

Le 20 avril (si de nouvelles demandes se sont produites après l'envoi des états généraux).

De nouveaux états généraux de dégrèvements, les bordereaux *B* et *C*, etc.

> *Circulaires des 18 décembre 1897, § 11, titre 18, page 66, et 23 janvier 1898.*

Par année. (*Suite.*)

Par année. (*Suite.*)

A date indéterminée.

Selon les nécessités ou les exigences du service.

Service des contributions directes.

États des contribuables à poursuivre par voie de sommations avec frais, commandements, saisies-exécutions, saisies-brandons, saisies-arrêts.

> *Art. 42, 56, 63, etc., règlement général des poursuites du 1ᵉʳ mars 1862, circulaire du 8 mars 1893.*

A établir en double expédition.
Ces états sont transmis à l'autorisation du sous-préfet par les receveurs des finances.

États des délinquants à poursuivre par voie de commandements, saisies, etc...

> *Service des amendes et condamnations pécuniaires, modèles 35 commandements, 38-39 saisies, 46 ventes, art. 261, 265, 271 et 291, instruction du 5 juillet 1895.*

A établir en double expédition.
Ne sont pas soumis à l'autorisation du sous-préfet.

Service des contributions directes.

États de paiements des frais dus aux agents de poursuites pour sommations avec frais, commandements, saisies-exécutions, saisies-brandons, saisies-arrêts, oppositions, etc.

> *Art. 102 à 114, règlement général des poursuites du 1ᵉʳ mars 1862, circulaires des 15 décembre 1864 et 19 février 1877.*

A établir en double expédition.
Annexer à ces états les minutes des contraintes et tous les originaux de poursuites remis par les agents de poursuites.

Service des amendes et condamnations pécuniaires.

États de paiements des frais dus aux agents de poursuites, huissiers, pour commandements-saisies.

> *Modèles 37 commandements, 44 saisies, 45 actes conservatoires, 47 ventes, art. 263, 271, 277 et 299, instruction du 5 juillet 1895.*

Mêmes remarques que ci-dessus.

Service des amendes et condamnations pécuniaires.

États des condamnés retardataires (pour lesquels il a été délivré des extraits provisoires) à soumettre au juge de paix ou au commissaire de police, afin d'apprécier l'opportunité de la signification du jugement.

> *Amendes, modèle 16, art. 79, instruction du 5 juillet 1895.*

Ces états sont adressés par les percepteurs dans le délai d'un mois après la réception des extraits provisoires.
Les extraits provisoires doivent être annexés.

A date indéterminée. (*Suite.*)

Duplicatas des reçus des fonds délivrés par la Banque de France.
Circulaire du 31 décembre 1897, § 2.

Les percepteurs conservent les primatas et joignent à l'envoi des duplicatas un bordereau de versement et le livre récapitulatif.

(Au fur et à mesure de leur épuisement.

Journaux à souche relatifs au dégrèvement des cotes foncières, afin d'être soumis à la vérification.
Circulaire du 18 décembre 1897, § 11, page 51.)

États des retardataires sur revenus communaux à poursuivre par voie de commandement et par ministère d'huissier.
Art. 921, 950, 1054, etc., instruction générale du 20 juin 1859, lois des 18 juillet 1837 et 5 avril 1884.

A transmettre à l'autorisation du sous-préfet.
En simple expédition.

Réquisitions d'incarcération établies contre les débiteurs sur amendes et condamnations pécuniaires, insolvables ou de mauvaise volonté, accompagnées d'une copie certifiée de l'extrait de jugement, et d'autres renseignements, s'il y a lieu.
Amendes, art. 202, instruction du 20 septembre 1875, circulaires des 20 décembre 1887 et 31 janvier 1890, modèle 49, art. 341, instruction du 5 juillet 1895.

Ces réquisitions doivent contenir l'âge et la profession de tous les condamnés.
La date d'exécution des poursuites doit être mentionnée exactement, afin de permettre à la recette des finances de rechercher les originaux de commandements qui doivent être annexés aux réquisitions avant l'envoi au procureur de la République.

Relevé des condamnés solvables à faire incarcérer, récapitulant les réquisitions d'incarcéfation mentionnées ci-dessus.
Amendes, circulaire du 4 mars 1882, § 5, modèle 48, art. 340, instruction du 5 juillet 1895.

A établir en double expédition (une pour la recette des finances, l'autre pour le parquet de première instance).

Dossiers de revision établis par les receveurs des communes et établissements de bienfaisance pour nouvelle fixation de leurs remises.
Circulaires des 9 juillet 1881 et 6 août 1891.

Les demandes de revision, ainsi que les relevés des recettes des cinq dernières années, doivent se faire en triple expédition et être adressés à l'autorité compétente avant le 1er août. Passé ce délai, les dossiers seraient néanmoins acceptés, mais ils ne pourraient avoir d'effet qu'une année plus tard.

A date indéterminée. (*Suite.*)

Relevé des opérations concernant la caisse des retraites pour la vieillesse.
Caisse des dépôts et consignations, bordereau modèle n° 10, art. 173 et 181, instruction du 5 mars 1886.

Le primata est adressé directement par le comptable à la Caisse des dépôts et consignations.

Retour des relevés de condamnations tenant lieu de commissions extérieures (service des maisons centrales de détenus) annotés par le percepteur.
Modèle 54, art. 412, instruction du 5 juillet 1895, Amendes.

A remplir avec l'aide des sommiers de surséances, des carnets de recouvrements et des fiches du répertoire.

Accusés de réception des arrêtés du conseil de préfecture et des arrêts de la Cour des comptes sur les comptes de gestion des diverses communes et établissements (hospices, bureaux de bienfaisance, syndicats, monts-de-piété, fabriques, etc.).
Circulaires des 1ᵉʳ mars 1866 et 28 février 1885.

Les accusés de réception des arrêtés du conseil de préfecture sont transmis par la recette des finances au préfet du département directement.

Les accusés de réception des arrêts de la Cour des comptes sont adressés au trésorier général.

Certificats de publication des rôles de toute nature, contributions directes, taxes assimilées, rôles communaux, etc.
Art. 53, 907, 910, instruction générale du 20 juin 1859.

On peut grouper sur un même certificat les rôles de même nature d'une perception.

Bordereau d'exécution des injonctions prononcées sur les comptes de gestion tant par la Cour des comptes que par le conseil de préfecture.
Art. 1560, instruction générale du 20 juin 1859, circulaires des 28 février 1885, 1ᵉʳ mars 1886, etc.

A établir en double expédition.

Il doit y être annexé les documents renvoyés par la Cour des comptes et le conseil de préfecture, ainsi, du reste, que toutes les nouvelles justifications exigées par les arrêts et les arrêtés.

Journaux à souche terminés, pour être vérifiés par le receveur des finances.
Art. 1286, instruction générale du 20 juin 1859.

Doivent être envoyés trois jours après la dernière opération constatée.

Les comptables doivent les revoir avec soin avant l'envoi à la vérification du chef de service.

Relevé des extraits d'actes translatifs de propriétés bâties et non bâties, utilisés ou non utilisés dans les deux tournées spéciales de mutations foncières.
Modèle 15ᵇⁱˢ, instruction du 2 mars 1886, circulaire du Directeur

A date indéterminée. (*Suite.*)

> *général des contributions directes du 30 juillet 1896, circulaire*
> *de la Comptabilité publique du 28 octobre 1896.*

Ce relevé s'établit seulement en simple expédition et doit être adressé quinze jours avant la tournée générale du contrôleur des contributions directes.

Comptes de gestion des recettes et des dépenses des communes (services budgétaires et hors budgets) et des divers établissements, pour gestions scindées, coupées, etc., en raison de mutation, décès ou mise à la retraite.

> *Art. 1302, 1535, 1543, etc., instruction générale du 20 juin 1859,*
> *circulaire du 30 janvier 1866.*

Ces comptes s'établissent et se justifient de la même façon que les comptes de gestion ordinaires. Ils s'arrêtent seulement à la date de la remise de service au lieu de s'arrêter à la fin normale de l'exercice.

Lorsqu'un comptable rend ses comptes de gestion dans le courant de l'année, il ne justifie pas les recettes et se contente seulement de produire les ordonnances de décharge à l'appui du bordereau modèle 318 de l'instruction générale. Quant aux pièces générales, elles se produisent en totalité ou en partie, selon les usages des départements.

Aux dates fixées par les receveurs des finances.

Bordereaux de versements sur tous les produits dont le recouvrement est confié aux percepteurs :

Contributions directes, produits divers, taxes assimilées, amendes et condamnations pécuniaires, frais de poursuites sur contributions directes et sur amendes et condamnations pécuniaires, etc., etc.

Bordereaux de placements de fonds au Trésor, avec intérêt (1 1/2 p. 100) par les communes et les divers établissements, pièces justificatives à

A date indéterminée. (*Suite.*)

l'appui, remise du numéraire et des pièces de dépenses correspondant aux versements.

Art. 89, 207, 210, 216, 371, 373, 597, 1286 et 1471, instruction générale du 20 juin 1859, circulaires des 23 novembre 1871 et 20 septembre 1875, etc.

Les receveurs des finances peuvent exiger un versement chaque dizaine, et toutes les fois qu'ils trouvent l'encaisse des comptables trop élevée.

En dehors des cas spéciaux nécessitant des réserves de fonds motivées, il est d'usage de faire verser les percepteurs ruraux chaque fois qu'ils ont un excédent de recettes supérieur à 5,000 fr. en numéraire et à 7,000 fr. en pièces de dépenses. Quant aux placements de fonds, toujours sous réserve des cas spéciaux, il ne doit pas être conservé en caisse plus de 300 fr. pour les petites communes et établissements, et 2,000 à 3,000 fr. pour les petites villes.

Après la mise à la retraite.

Déclaration du lieu de résidence.

État comparatif des remises.

Circulaire du 29 février 1864.

La déclaration du lieu de la résidence doit être établie sur timbre.

Dossiers de remboursements immédiats des deux tiers du cautionnement.

Décret du 23 juin 1897, art. 2, circulaire du 7 août 1897, § 3.

Les demandes doivent toujours être établies sur papier timbré.

Dossiers de remboursements de la totalité des cautionnements.

Ordonnance du 22 mai 1825, circulaire du 26 décembre 1866, etc.

Même remarque que ci-dessus.

Se conformer exactement aux prescriptions énoncées au verso des certificats d'inscription de cautionnement.

A date indéterminée. (*Suite.*)

Après l'installation d'un percepteur dans un nouveau poste.

Plan des locaux affectés au service des bureaux.

Circulaire du 16 novembre 1877.

Ce plan, établi selon échelle, doit être produit en double expédition.

Il doit être réservé un espace suffisant pour permettre au receveur des finances de formuler son avis. Il importe surtout que les locaux soient suffisants pour permettre au public de circuler librement.

Ce plan doit se produire aussi chaque fois qu'un comptable change de bureau.

L'autorisation préalable du receveur des finances est de rigueur.

Éventuellement.

État des amendes recouvrées pour collisions en mer, à revenir dans la caisse des invalides de la marine.

Amendes, circulaire du 2 avril 1891, § 2.

Ne concerne que les percepteurs riverains de la mer.

A date indéterminée. (*Suite.*)

A date indéterminée. (*Suite.*)

PAR LES RECEVEURS SPÉCIAUX

Par journée.

Par dizaine.

Situation sommaire des recettes et des dépenses.

Art. 1318, instruction générale du 20 juin 1859.

Doit parvenir au plus tard trois jours après chaque dizaine.

Si ce délai est dépassé, les receveurs des finances peuvent aviser de ce retard les municipalités et les commissions administratives.

Par mois.

Balance générale des comptes ouverts au grand-livre.

Art. 1318, instruction générale du 20 juin 1859.

Au vu de cette balance, les receveurs des finances peuvent prescrire tous placements de fonds qu'ils jugent utiles. En cas de refus, ils doivent en référer aux maires ou présidents de commissions administratives.

Par trimestre.

Relevés des fournitures de boissons et vinaigres faites aux établissements publics.

> *Circulaires des 14 janvier 1887, § 9, et 15 décembre 1896, § 11.*

Dans certaines localités, ces relevés sont signés par les économes des établissements.

États des avances pour frais de route aux voyageurs indigents.

> *Art. 1495, instruction générale du 20 juin 1859.*

Dans quelques départements, ces documents sont envoyés directement par les receveurs spéciaux à la sous-préfecture, qui les fait parvenir à la préfecture pour ordonnancement.

Expéditions, dûment visées par les maires ou présidents des commissions administratives, des bordereaux détaillés des recettes et des dépenses (services budgétaires et hors budgets).

> *Art. 1296, 1517, etc., instruction générale du 20 juin 1859, circulaire du 24 août 1878, § 10.*

Ces bordereaux sont adressés à la recette des finances, pour être soumis à la vérification.

Dans quelques arrondissements, la feuille d'observations est adhérente au bordereau et ne peut en être détachée.

Ce mode doit être très recommandé, car les observations et les réponses subsistent indéfiniment sur ce document.

Par semestre.

Du 20 au 25 juin et du 20 au 25 novembre.

État des paiements faits sur adjudications et marchés.

> *Circulaires des 10 juillet 1865, 10 mars 1876, 25 avril 1882, 10 juillet 1891, § 1ᵉʳ, et 15 décembre 1896, § 1ᵉʳ.*

Cet état s'établit en double expédition.

La première, sur imprimé fourni par le comptable, est envoyée au directeur de l'enregistrement.

La seconde est adressée au directeur des contributions directes et est établie sur imprimé fourni par cette administration.

Par année.

Le 2 janvier.

Procès-verbal de clôture des registres.

> *Art. 1519, instruction générale du 20 juin 1859.*

Doit être signé par le comptable, le maire et un conseiller municipal.

État annexe donnant le développement des opérations des services hors budgets.

> *Art. 519, 1541 et 1551, instruction générale du 20 juin 1859.*

Avant l'envoi, le comptable doit en transcrire les résultats sur ses bordereaux détaillés.

Par année. (*Suite.*)

Fin janvier.

État des cotes indûment imposées sur les rôles de prestations, etc.
Art. 888, etc., instruction générale du 20 juin 1859.

Donner exactement tous les motifs de l'imposition faite indûment, pour éclairer la religion du conseil municipal et des répartiteurs.

En mars.

Quittances constatant l'encaissement des intérêts dus par l'État (1 1/2 p. 100) sur les fonds communaux et hospitaliers placés en compte courant au Trésor.
Art. 772 et 940, instruction générale du 20 juin 1859.

Opération d'ordre, les sommes encaissées étant placées au Trésor avec intérêts. Valeur du 1er janvier de l'année courante.

En avril.

Comptes de gestion des recettes et dépenses (communes et établissements) pour l'exercice expiré, à l'effet d'être soumis à la première vérification de leurs résultats.
Art. 1302, instruction générale du 20 juin 1859, circulaire du 30 janvier 1866.

Les résultats des comptes de gestion sont vérifiés à l'aide des bordereaux détaillés du 5e trimestre de l'exercice expiré et des balances aux 31 décembre et 31 mars.
L'état annexe des services hors budgets est aussi nécessaire pour cette vérification.

Comptes de gestion des recettes et des dépenses spéciales au service vicinal.
Art. 234, instruction du 6 décembre 1870 et circulaire du 31 mars 1875.

Concerne seulement les receveurs municipaux spéciaux.
Les comptes de gestion doivent donner tous les résultats des opérations du service vicinal par nature et numéros de chemins.
Les résultats généraux doivent concorder avec ceux des comptes de gestion désignés plus haut, pour les restes à recouvrer et les restes à payer.
S'assurer, avant leur envoi, de la concordance qui doit exister avec les registres de l'agent voyer d'arrondissement.

Éventuellement.

Relevés des recettes ordinaires et extraordinaires des communes et établissements de bienfaisance.
Modèle A, circulaires des 18 décembre 1877, 7 mai 1889, 27 avril 1887 et 10 juin 1896, § 6.

État supprimé en principe, mais l'administration s'est réservé la faculté de le faire produire, si elle le juge utile.

Par année. (*Suite.*)

Relevé des dépenses ordinaires et extraordinaires des communes et établissements.

> *Modèle B, circulaires des 18 décembre 1877, 7 mai 1879, 8 février 1886 et 27 avril 1887.*

État supprimé en principe, mais l'administration s'est réservé la faculté de le faire établir, si elle le juge utile.

En mai et juin.

Comptes de gestion de l'exercice expiré, établis par les receveurs pour les communes et leurs divers établissements.

> *Art. 1302, 1535, etc., instruction générale du 20 juin 1859, circulaire du 30 janvier 1866.*

Toutes pièces justificatives doivent être annexées à ces comptes de gestion et il doit y être aussi produit les délibérations des conseils municipaux et des commissions administratives approuvant les comptes de gestion.

En juillet.

Commandes des imprimés administratifs nécessaires pour l'année suivante.

> *Art. 1524, etc., instruction générale du 20 juin 1859, circulaire du 29 mai 1888.*

Les comptables sont libres de choisir leur imprimeur, mais ils doivent soumettre leurs commandes au visa du receveur des finances et tous les imprimés doivent être conformes au modèle officiel.

En décembre.

États d'option des prestataires ayant déclaré opter pour le travail en nature.

> *Art. 888, instruction générale du 20 juin 1859, instruction des chemins vicinaux du 20 novembre 1877.*

A transmettre au sous-préfet, qui fait ensuite parvenir ces documents à l'agent voyer d'arrondissement.

A date indéterminée.

Selon les exigences et les nécessités du service.

Quelques jours avant l'échéance des titres de rentes.
Titres de rentes sur l'État (3 p. 100, 3 1/2 p. 100, 3 p. 100 amortissable)
appartenant aux communes ou aux établissements, pour être estampillés,
et quittances d'arrérages à soumettre au visa du receveur des finances.

> *Art. 861 et 1450, instruction générale du 20 juin 1859.*

Doivent être adressés avec un bordereau récapitulatif, additionné, sous pli spécial chargé
en franchise.

États des redevables à poursuivre par voie de sommations avec frais, commandements, saisies, etc., approuvés par les maires.

> *Art. 42, 56, 63, règlement des poursuites du 1er mars 1862, circu-
> laire du 1er février 1872.*

À produire en double expédition.
Ces états sont soumis à l'autorisation du sous-préfet.

États de paiements des frais dus aux agents de poursuites, pour contraintes
par sommations avec frais, commandements, saisies, etc.

> *Art. 102 à 114, règlement des poursuites du 1er mars 1862, circu-
> laires des 15 décembre 1864 et 19 février 1877.*

Ces états de paiements ne se produisent qu'en simple expédition.
Ils doivent, pour les commandements et les saisies, être accompagnés des actes originaux établis par les porteurs de contraintes.

Certificats de publication des rôles de prestations, de chiens, rétribution
scolaire des collèges, etc.

> *Art. 53, 907, 910, etc., instruction générale du 20 juin 1859.*

Doivent être adressés quelques jours après la publication des rôles.

Accusés de réception des arrêts de la Cour des comptes et des arrêtés du
conseil de préfecture sur les comptes de gestion.

> *Circulaires des 28 février 1885 et 1er mars 1886.*

Les accusés de réception des arrêts de la Cour des comptes sont adressés par les receveurs des finances à la trésorerie générale et les accusés de réception des arrêtés du
conseil de préfecture sont envoyés directement au préfet.

Bordereau d'exécution des injonctions prononcées sur les comptes de gestion par la Cour des comptes ou le conseil de préfecture.

> *Art. 1560, instruction générale du 20 juin 1859, circulaires des 30
> janvier 1866, 1er mars 1866 et 28 février 1885.*

Ces bordereaux, établis en double expédition, doivent être accompagnés des documents
renvoyés par la Cour des comptes ou le conseil de préfecture et appuyés des nouvelles justifications prescrites par les arrêts ou les arrêtés.

A date indéterminée. (*Suite.*)

Journaux à souche terminés pour vérification.

Art. 1286, instruction générale du 20 juin 1859.

Doivent être adressés trois jours après la dernière opération constatée.

Il est nécessaire de les revoir avec attention avant de les soumettre à la recette des finances.

Comptes de gestion des recettes et des dépenses des communes (services budgétaires et hors budgets) et des divers établissements, pour gestions scindées, coupées, etc., en raison de mutation, décès ou mise à la retraite.

Art. 1302, 1535, 1543, etc., instruction générale du 20 juin 1859, circulaire du 30 janvier 1866.

Ces comptes doivent être établis deux mois au plus après la cessation des fonctions. Voir ce qui a été dit à ce sujet en regard des comptes de gestion (coupées, scindées) à produire par les percepteurs-receveurs municipaux.

Demandes de revision des traitements communaux ou hospitaliers, par suite d'augmentations de plus d'un dixième dans la moyenne des revenus ordinaires.

Circulaires des 9 juillet 1881 et 6 août 1891.

Les demandes de revision ainsi que les relevés des recettes des cinq dernières années doivent être établis en triple expédition et avant le 1er août, sous peine de voir l'exécution des revisions retardée d'une année.

A date indéterminée. (*Suite.*)

PAR LES DIRECTEURS DES CONTRIBUTIONS DIRECTES

A date indéterminée.

Feuilles de tête des rôles *généraux* des contributions directes (personnelle et mobilière, portes et fenêtres, foncier, patentes).

Circulaires du 15 décembre 1897, § 11.

Les rôles et les avertissements sont adressés directement aux percepteurs par la Direction des contributions directes.

Rôles des contributions directes supplémentaires, rôles généraux et supplémentaires des taxes assimilées (mainmorte, chevaux et voitures, billards et vélocipèdes, taxes sur les cercles, etc.).

Rôles communaux : chiens, prestations, etc., à transmettre aux percepteurs, receveurs municipaux et receveurs spéciaux pour en effectuer le recouvrement.

Feuilles de tête de tous ces rôles.

Art. 50, 52, 53, 54, 92, etc., instruction générale du 20 juin 1859.

Les feuilles de tête sont transcrites sur les registres des receveurs des finances et outre l'indication du montant des rôles fournissent tous les renseignements nécessaires aux receveurs des finances pour surveiller et encaisser la rentrée des centimes communaux.

Imprimés nécessaires aux percepteurs pour le service du dégrèvement des côtes foncières de 25 francs et au-dessous.

Loi du 21 juillet 1897, circulaire du 18 décembre 1897, § 14, page 57.

Ces imprimés sont ensuite adressés par les receveurs des finances aux percepteurs, dans la proportion indiquée par les directeurs des contributions directes.

A date indéterminée. (*Suite.*)

PAR L'IMPRIMERIE NATIONALE

A date indéterminée.

> Registres à souche et formules de déclaration nécessaires aux percepteurs pour le service du dégrèvement des cotes foncières de 25 francs et au-dessous.
>
> *Loi du 21 juillet 1897, circulaire du 18 décembre 1897, § 14, page 57.*

Ces imprimés sont ensuite adressés aux percepteurs par les receveurs des finances dans la proportion indiquée par le Ministère des finances.

PAR LE SOUS-PRÉFET

A date indéterminée.

Selon les nécessités ou les exigences du service.

Renvoi, après autorisation, des contraintes par voie de sommations avec frais, commandements, saisies, etc., concernant le service du Trésor et des communes.

> *Art. 41 et suivants, règlement général des poursuites du 1ᵉʳ mars 1862.*

Le sous-préfet a qualité pour arrêter les poursuites, soit à titre provisoire, soit à titre définitif. Sa décision couvre la responsabilité des percepteurs, receveurs municipaux, etc., ainsi que celle des receveurs des finances.

Renvoi, après autorisation, des contraintes extérieures s'appliquant aux contributions directes, aux taxes assimilées et aux produits des communes.

> *Art. 59 et 60, règlement des poursuites du 1ᵉʳ mars 1862, circulaire du 15 décembre 1864.*

Mêmes remarques que ci-dessus.

Retour, après la taxe, des états de paiements de frais de poursuites pour le compte du Trésor et des communes ainsi que pour celui des amendes et condamnations pécuniaires.

> *Art. 102 et suivants du règlement général des poursuites du 1ᵉʳ mars 1862. Amendes, instruction du 5 juillet 1895, art. 263, 271, 277 et 299.*

En attendant l'arrivée des états de paiements dûment taxés, les comptables émargent les frais de poursuites sur la minute des contraintes, en leur possession.

Envoi des budgets primitifs, budgets additionnels, autorisations spéciales, ouverture de crédits en recettes et en dépenses, etc.

Titres de recettes, titres de perception, etc., à faire parvenir aux percepteurs-receveurs municipaux et aux receveurs spéciaux.

> *Art. 811, 824, 826, 839, etc., instruction générale du 20 juin 1859.*

Tous ces divers documents doivent porter le cachet de la sous-préfecture et ensuite celui de la recette des finances.

Avant de les transmettre aux comptables, la recette des finances doit transcrire tous les titres de recettes (en résumé) sur son carnet d'échéances. Quant aux divers budgets, seule la partie concernant les recettes est transcrite à la recette des finances.

A date indéterminée. (*Suite.*)

PAR LES MAIRES

Par trimestre.

Titres de pensions diverses, titres de rentes viagères (pour estampiller ces titres) et quittances de paiements au pied des certificats de vie, pour être revêtues du « Vu bon à payer ».

Loi du 2 mai 1861, circulaires des 16 décembre 1871, 1ᵉʳ décembre 1877, 21 décembre 1882, 5 mars 1887, etc.

Lorsque les titres sont estampillés et les quittances visées, les parties peuvent se présenter à la caisse des percepteurs pour recevoir ce qui leur est dû.

Cette facilité évite aux rentiers les inconvénients d'un voyage au chef-lieu d'arrondissement.

PAR LES NOTAIRES

Par trimestre.

Titres de pensions civiles, militaires, veuves de militaires, etc. (à estampiller) et certificats de vie avec quittances pour autorisations de paiements.

Lois du 2 mai 1861, circulaires des 17 avril 1882, 25 novembre 1881, 15 juin 1882, 6 octobre 1882, 14 janvier 1887, etc.

Lorsque les titres sont estampillés et les quittances de paiements visées, les parties peuvent se présenter pour le paiement à la caisse des percepteurs de l'arrondissement.

A date indéterminée.

Autorisations de paiements sur leur compte courant avec la Caisse des dépôts et consignations délivrées par eux-mêmes sur la caisse du receveur des finances.

Caisse des dépôts, circulaire du 21 avril 1890, § 9.

Si les notaires ne doivent pas se présenter eux-mêmes pour recevoir les fonds demandés, ils doivent faire apposer sur le document ci-contre la signature de la personne à qui ils donnent qualité pour encaisser le montant du remboursement.

A date indéterminée. (*Suite.*)

Accusés de réception des carnets d'autorisations de paiements qui doivent être délivrés aux notaires par les chambres de discipline.

Caisse des dépôts et consignations, § 8, circulaire du 21 avril 1890.

Doivent être envoyés sous pli affranchi.

A chaque versement opéré à la recette des finances.

Caisse des dépôts et consignations.

Bulletin de versement destiné à la chambre de discipline.

Circulaire du 21 avril 1890, § 4.

Ce bulletin doit donner le détail de toutes les sommes versées, afin de pouvoir être transcrit sur les registres spéciaux de la chambre de discipline.

Huit jours après le décès.

Avis de décès des pensionnaires de l'État.

Circulaire du Ministère des finances du 26 janvier 1872.

Ces avis sont ensuite transmis au trésorier-payeur général.

PAR LES CHAMBRES DE DISCIPLINE DES NOTAIRES

Annuellement.

En septembre.

Demandes de carnets d'autorisations de paiement.
> *Caisse des dépôts et consignations, circulaire du 21 avril 1890, mo-*
> *dèle 2, visant l'art. 11 du décret du 2 février 1890.*

Ces carnets sont imprimés par les soins de l'Imprimerie nationale.

A date indéterminée.

Avis de la délivrance de carnets d'autorisations de paiement aux notaires.
> *Caisse des dépôts et consignations, circulaire du 21 avril 1890, § 8.*

Ces avis doivent mentionner la série et les numéros des carnets.

Éventuellement.

Autorisation du président de la chambre de discipline, sur papier libre, permettant à un notaire d'un arrondissement voisin de verser ses fonds en compte courant avec intérêt (1 p. 100) à la caisse du préposé de l'arrondissement (receveur des finances).
> *Caisse des dépôts et consignations, circulaire du 21 avril 1890.*

Cette autorisation n'est sollicitée que très rarement et ne doit s'accorder que lorsque la distance de la résidence d'un notaire est très grande avec le chef-lieu de son propre arrondissement.

PAR LA BANQUE DE FRANCE

Par dizaine.

Coupons de rentes au porteur, payés par la Banque, épinglés aux bordereaux dressés par les porteurs. Il doit être annexé une fiche récapitulative des totaux des bordereaux, établie en double expédition et signée par le directeur et le caissier.

Circulaire du 31 décembre 1897.

L'une des deux expéditions, revêtue de la signature du comptable, sera immédiatement rendue en échange des coupons à titre de reçu du Trésor. (Dans un délai de 24 heures.)

A date indéterminée.

Le jour de la demande.

Demande de bon du Trésor à courte échéance, souscrite à la Banque de France.

Circulaire du 31 décembre 1897.

La reconnaissance à extraire du livre ordinaire des placements en bons du Trésor sera établie par le receveur des finances au nom du souscripteur du bon. — Les intérêts afférents aux bons courront du jour du dépôt de la demande aux guichets de la Banque.

PAR LES CAISSIERS DE CAISSES D'ÉPARGNE

Par semaine.

Renvoi des dossiers de placements et remboursements à retourner aux percepteurs après inscription des versements et autorisation des remboursements.

Caisse des dépôts et consignations, circulaire du 25 août 1875.

Ne concerne que les perceptions désignées spécialement par l'administration pour donner leur concours aux caisses d'épargne.

Résumé de la situation générale des opérations (recettes et dépenses) et demandes de fonds, s'il y a lieu.

Caisse des dépôts et consignations, instructions des 15 janvier 1878 et 14 mars 1893.

À adresser en franchise, sous le couvert du maire.

Par mois.

Balance des comptes du grand-livre de la caisse d'épargne.

Caisse des dépôts et consignations, instruction du 15 janvier 1878.

Cette balance doit être vérifiée attentivement à la recette des finances, surtout en ce qui concerne les fonds placés à la Caisse des dépôts et consignations.

A date indéterminée.

Transferts sur caisses d'épargne diverses dans l'arrondissement et hors l'arrondissement.

Caisse des dépôts et consignations, instructions des 15 janvier 1878, 14 mars 1893 et 20 décembre 1895.

Les dossiers doivent être sérieusement étudiés avant la transmission aux caisses d'épargne qu'elles concernent. Ils doivent être retournés au caissier s'il manque quelques pièces ou si les signatures ne concordent pas avec les énonciations des bordereaux.

Achats de rentes pour le compte des déposants.

Caisse des dépôts et consignations, instructions des 15 janvier 1878, 14 mars 1893. Loi du 20 juillet 1895, art. 2 ; circulaire du 20 décembre 1895, § 1er.

Les bordereaux d'achats doivent être établis en double expédition et doivent porter, l'un, la mention « Primata », l'autre, celle « Duplicata » à l'encre rouge.

Tenir compte du maintien du § 48 de l'instruction du 4 juin 1857 autorisant les réunions de livrets.

Ventes de rentes pour le compte des déposants.

Caisse des dépôts et consignations, instructions des 15 janvier 1878, 14 mars 1893 et circulaire du 20 décembre 1895, § 3.

A établir les bordereaux en double expédition (modèle n° 1 de la circulaire du 6 août 1895, § 2). Ce bordereau doit être signé par deux administrateurs de service.

Titres et documents doivent être adressés sous pli chargé en franchise sous le couvert du maire.

Annuellement.

Du 1er au 20 janvier.

Bordereau des comptes abandonnés depuis 30 ans.

Caisse des dépôts et consignations, circulaires du 29 août 1853, instructions des 15 juin 1878 et 14 mars 1893, circulaire du 24 avril 1896, instruction du 20 décembre 1895, art. 27 et suivants.

Annexer un exemplaire du journal sur lequel ont eu lieu les insertions prescrites par l'instruction du 4 juin 1857 et celle du 20 décembre 1895.

En vertu d'une circulaire de M. le Ministre du commerce, du 24 mars 1897, adressée directement par ses soins aux caissiers des caisses d'épargne, les documents ci-dessus doivent être envoyés par les caissiers (directement) au Ministère du commerce ; cette circulaire n'a pas encore été notifiée aux receveurs des finances.

Annuellement. (*Suite.*)

PAR LES RECEVEURS DES RÉGIES FINANCIÈRES

A date indéterminée.

Trois jours avant les dates fixées pour leurs versements ou quand leur encaisse aura atteint le maximum prévu par le règlement spécial à leur administration.

Avis de la somme dont le receveur des finances peut disposer sur eux au moyen d'un mandat extrait du livre à souche des mandats sur divers comptables.

Articles 1144 à 1188 de l'instruction générale du 20 juin 1859 et circulaire du 31 décembre 1897, § 4.

Ce mandat sera donné en recouvrement à la Banque de France.

PAR LE PROCUREUR DE LA RÉPUBLIQUE

Par trimestre.

Relevés sommaires :

1° Des faillites et liquidations judiciaires, établis par les greffiers des tribunaux de commerce de l'arrondissement ;

2° Des ventes mobilières, établis par les huissiers et commissaires-priseurs de l'arrondissement.

> *Décret du 25 mars 1880, art. 3; circulaire Caisse des dépôts et consignations, n° 62, du 21 janvier 1892.*

Ces relevés sont envoyés par le procureur de la République au receveur des finances par l'intermédiaire du procureur général et du trésorier général.

A date indéterminée.

Avis de recours en grâce des condamnés et avis du rejet ou de l'acceptation de ces recours en grâce.

> *Amendes, instruction du 5 juillet 1895.*

Ces recours en grâce et les décisions qui suivent doivent être mentionnés sur les carnets de la recette des finances avant l'envoi aux percepteurs.

Bordereaux d'envois des extraits de jugements transmis par les greffiers et extraits de jugements à l'appui.

> *Amendes, circulaires des 10 octobre 1876, 20 août 1877, 1er octobre 1878, 4 mars 1882, 30 décembre 1890, 8 décembre 1891, instruction du 5 juillet 1895, art. 1, 3, 4 et 5.*

Ces bordereaux doivent bien être adressés par les greffiers aux receveurs des finances, mais dans beaucoup d'arrondissements, les procureurs de la République, après avoir visé les extraits de jugements et les bordereaux d'envoi (comme cela leur a été prescrit), adressent directement les dossiers aux recettes des finances sans les retourner aux greffiers.

A date indéterminée. (*Suite.*)

PAR LES GREFFIERS DES TRIBUNAUX DE SIMPLE POLICE
ET CORRECTIONNELS ET DES TRIBUNAUX DIVERS

Par trimestre.

Mémoire des frais d'extraits de jugements (à l'effet d'être soumis à l'or-donnancement).

Amendes, modèle 71, art. 490, instruction du 5 juillet 1895.

Ce mémoire doit être établi sur timbre, s'il est dû plus de 10 fr.

Il est d'usage de l'adresser en double expédition. La seconde expédition, sur papier libre, est retournée au greffier comme accusé de réception.

A date indéterminée.

Bordereaux d'envois d'extraits de jugements, provisoires et définitifs, à recouvrer par les percepteurs des contributions directes et extraits de
jugements à l'appui.

Circulaires des 10 octobre 1876, 20 août 1877, 1ᵉʳ octobre 1878,
4 mars 1882, 30 décembre 1890, 8 décembre 1891, instruction du
5 juillet 1895, art. 1, 3, 4 et 5.

Amendes et condamnations pécuniaires.

Les bordereaux doivent être distincts pour les envois d'extraits de jugements *provi-*
soires ou *définitifs*.

Les extraits de jugements signés par le greffier doivent, comme les bordereaux d'envoi,
être soumis au visa du ministère public et du procureur de la République.

Certificats de réduction sur extraits de jugements en la possession des
percepteurs.

Amendes, modèle 80, art. 514, instruction du 5 juillet 1895.

Ces certificats de réduction doivent être soumis au visa du receveur de l'enregistrement
avant d'être adressés aux comptables qu'ils concernent.

A date indéterminée. (*Suite.*)

PAR LE DIRECTEUR DE L'ENREGISTREMENT

Par trimestre.

Les 20 février, 20 mai, 20 août et 20 novembre.

Relevé des baux et concessions présentés à l'enregistrement pendant le trimestre.

Modèle annexé à la circulaire du 8 février 1898, § 4.

Cet état est envoyé au receveur des finances par l'intermédiaire de la trésorerie générale. — Si le receveur des finances constate des omissions avec les titres inscrits sur son carnet, il les signale au sous-préfet.

Par trimestre. (*Suite.*)

DOCUMENTS A ADRESSER DIRECTEMENT

AU TRÉSORIER GÉNÉRAL

PAR LES PERCEPTEURS-RECEVEURS MUNICIPAUX
ET PERCEPTEURS DES CONTRIBUTIONS DIRECTES

Quand le trésorier général le juge utile.

Tous les documents qui lui paraissent nécessaires pour la vérification, soit du service de la recette des finances, soit de celui des percepteurs.

Instruction générale du 20 juin 1859.

Les percepteurs doivent répondre directement au trésorier général chaque fois que ce haut fonctionnaire use de ce moyen de correspondance.

Par mois.

Le 21 ou le 22.

État indiquant le chiffre des versements qu'ils ont effectués à la caisse de leur chef de service pendant les deux premières dizaines du mois et la troisième du mois précédent.

Circulaires des 26 décembre 1896 et 13 mars 1897 (cette dernière visant le décret du 4 janvier 1897).

La plus grande exactitude est recommandée aux comptables d'abord dans l'établissement et ensuite dans l'envoi de cet état.

Par mois. (*Suite.*)

VIᵉ PARTIE

MODÈLE DES PRINCIPAUX ARTICLES
A PASSER PAR LES RECEVEURS DES FINANCES
SUR LE LIVRE-JOURNAL

COPIE DES ARTICLES PASSÉS AU LIVRE-JOURNAL

NUMÉROS.	FOLIOS.	DATE ET NATURE DES OPÉRATIONS.	MONTANT des OPÉRATIONS	CAISSE.		PIÈCES de dépenses.	
				DÉBIT.	CRÉDIT.	DÉBIT.	CRÉDIT.
1	2		4	5	6	7	8
		Du 3 janvier 1898.					
1		Les suivants à Recette particulière, S/C de recouvrements journaliers : Fr. 100,000. Caisse. . . . . 50,000ᶠ Pièces de dépenses . . . . . . 49,000 Valeurs représentatives . . . . 1,000 Transport des recettes de la journée, constatées au livre de détail.	100,000ᶠ	50,000ᶠ		49,000ᶠ	
2		Caisse : A Traites de douanes . . . . . . 20,000ᶠ (pour traites encaissées).					
3		A Obligations des redevables des contributions indirectes . . . 10,000 (pour une obligat. encaissée).					
4		A Pièces de dépenses . . . . . . 10 Remboursement de dépenses.					
5		A Valeurs représentatives . . . . 100 Remboursement de valeurs.					
6		A Remises du trésorier général. . 4,500 Reçu pour achat de C. F. 500ᶠ Reçu pour achat de valeurs. 4,000					
7		A Divers, L/C d'achats de rentes. . 10,000 Reçu de divers	44,610	44,610			10ᶠ
8		Divers, L/C d'arbitrages de rentes : A Divers, L/C d'achats de rentes. 100ᶠ Pour transporter au dernier compte le montant de la vente de rentes 3 °/₀ à employer en achat de rentes 3 ¹/₂ ordre « Marin »	100				
9		Les suivants à M. X..., trésorier général, S/CCᵗ : Fr. 14,600. Remises du trésorier général. . 4,500ᶠ Divers, L/C d'achats de rentes. . 10,100 Transport de recettes	14,600				
		A reporter					

NUMÉRNS.	FOLIOS.	DATE ET NATURE DES OPÉRATIONS. 3	MONTANT des OPÉRATIONS	CAISSE.		PIÈCES de dépenses.	
1	2		4	DÉBIT. 5	CRÉDIT. 6	DÉBIT. 7	CRÉDIT. 8
		Du 3 janvier 1898.					
		Report.					
		Les suivants à trésorerie générale, S/C de titres du C. F. et autres valeurs :					
10		Fr. 2,500.					
		Bordereaux et titres de valeurs françaises achetées ou échangées 2,000ᶠ					
		Reçu en valeurs franç. achetées :					
		Titres du C. F. à remettre à divers. 500					
		Reçu en titres du C. F. achetés	2,500ᶠ				
		——— 3 ———					
		Trésorerie générale, S/C de titres du C. F. et autres valeurs, aux suivants :					
		Fr. 2,500.					
11		A Bordereaux et titres de valeurs françaises achetées ou échangées 2,000ᶠ					
		Remis à divers en valeurs françaises achetées :					
		A Titres du C. F. à remettre à divers. 500					
		Remis à divers en titres C. F. achetés. . .	2,500				
		——— 3 ———					
		Bordereaux de ventes de rentes.					
12		A Divers, L/C de ventes de rentes. 3,100ᶠ					
		Reçu en ventes de rentes	3,100				
		——— 3 ———					
		Divers, L/C de ventes de rentes.					
13		A Bordereaux de ventes de rentes. 3,000ᶠ					
		Remis en ventes de rentes	3,000				
		——— 3 ———					
		Les suivants aux suivants 200ᶠ					
		Divers, L/C de ventes de rentes. 100ᶠ					
		Pièces de dépenses 100					
		(pour règlement de l'arbitrage de rentes au nom de « Marin »).					
14		A Bordereaux de ventes de rentes. 100ᶠ					
		A Divers, L/C d'arbitrage de rentes. 100	200			100ᶠ	
		——— 3 ———					
		Titres de rentes achetés remis par le trésorier général :					
15		A Divers, L/C de titres de rentes achetés 500ᶠ					
		Reçu en titres de rentes achetés.	500				
		A reporter.					

NUMÉROS.	FOLIOS.	DATE ET NATURE DES OPÉRATIONS.	MONTANT des OPÉRATIONS	CAISSE.		PIÈCES de dépenses.	
		3		DÉBIT.	CRÉDIT.	DÉBIT.	CRÉDIT.
1	2	*Du 3 janvier 1898.*	4	5	6	7	8
		Report					
		Les suivants aux suivants . . . 500ᶠ					
		Divers, L/C de titres de rentes achetés 495					
		Pièces de dépenses 5					
		Pour règlement d'achat de rentes.					
16		A Titres de rentes achetés remis par le trésorier général 495					
		A Caisse. 5	500ᶠ		5ᶠ	5ᶠ	
		3					
		Titres de rentes au P. et M. à échanger :					
17		A Divers, L/C de titres au P. et M. à échanger 100ᶠ					
		Reçu de divers à titres au P. et M. à échanger.	100				
		3					
		Titres de rentes échangés remis par le trésorier général :					
18		A Titres de rentes au P. et M. à échanger 100ᶠ					
		Reçu de la trésorerie générale en titres échangés.	100				
		3					
		Divers, L/C de titres au P. et M. à échanger :					
19		A Titres de rentes échangés remis par le trésorier général. . . 100ᶠ					
		Remis à divers en titres de rentes échangés	100				
		3					
		Inscriptions nominatives de rentes à échanger :·					
20		A Divers, L/C d'inscriptions nominatives de rentes à échanger. 1,000ᶠ					
		Reçu de divers en inscriptions à échanger	1,000ᶠ				
		3					
		Divers, L/C d'inscriptions nominatives de rentes à échanger :					
21		A Inscriptions nominatives de rentes à échanger 1,000ᶠ					
		Remis à divers en inscriptions échangées.	1,000				
		A reporter					

NUMÉROS.	FOLIOS.	DATE ET NATURE DES OPÉRATIONS. 3 Du 3 janvier 1898.	MONTANT des OPÉRATIONS	CAISSE.		PIÈCES de dépenses.	
				DÉBIT.	CRÉDIT.	DÉBIT.	CRÉDIT.
1	2		4	5	6	7	8
		Report.					
22		Les suivants à remises du trésor. général : Fr. 80,000. Traites de douanes . . . . . 20,000^f Reçu en traites de douanes. Obligations des redevables des contributions indirectes . . . 10,000 Reçu en oblig. des redevables. Bons du Trésor. . . . . 50,000 Reçu en bons du Trésor.	80,000				
		— 3 —					
23		Remises du trésorier général : A M. X…, trés. général, S/CC^t. . 80,000^t Transport de l'article ci-dessus	80,000				
		— 3 —					
24		Les suivants à caisse. . . . . 345,000^f M. X…, trés. général, S/CC^t. . 300,000 Versement à la Banque. Percept., L/C d'envois de fonds . 10,000 Fonds de subv. au percept. de X. Pièces de dépenses . . . . . . 25,000 Valeurs représentatives . . . . 10,000 Pour les paiements de la journée.	345,000		345,000^f	25,000^f	
		— 3 —					
25		Les suivants à M. X…, trésorier général, S/CC^t : Fr. 100. Pièces de dépenses . . . . . . 50^f Valeurs représentatives . . . . 50^f Rejet de pièces de dépenses et valeurs (contre-partie au C/ crédité).	100			50	
		— 3 —					
26		Reçus provisoires de virement : A Remises du trésorier général. . 50,000^f Reçu en un bon n° 1.	50,000				
		— 3 —					
27		Remises du trésorier général : A M. X…, trés. gén., S/CC^t. . . 50,000^f Transport de la recette ci-dessus	50,000				
		A reporter.					

NUMÉROS.	FOLIOS.	DATE ET NATURE DES OPÉRATIONS. 3	MONTANT des OPÉRATIONS	CAISSE.		PIÈCES de dépenses.	
1	2	*Du 3 janvier 1898.*	4	DÉBIT. 5	CRÉDIT. 6	DÉBIT. 7	CRÉDIT. 8
		Report.					
28		Obligations provisoires libérées de l'emprunt de l'Annam et du Tonkin, à convertir en obligations définitives : A Recette particulière, S/C de recouvrements journaliers, valeurs déposées ce jour. .	1'25				
		———— 3 ————					
29		M. X..., trés. général, S/CC¹ : A Recette particulière, S/C de recouvrements journaliers. . . . . 10,000ᶠ Prêt consenti par le Crédit foncier à la commune d............	10,000 00				
		———— 3 ————					
30		Divers, L/C d'obligations provisoires libérées de l'emprunt de l'Annam et du Tonkin en dépôt : A Obligations provisoires libérées de l'emprunt de l'Annam et du Tonkin à convertir en obligations définitives. Remis à divers en obligations définitives.	1 25				
		Du 20 avril 1898.					
31		Pièces de dépenses : A Recette particulière, S/C de recouvrements journaliers. . . 60,000ᶠ Reçu de moi-même, pour solder les contributions et revenus publics de l'ex. 1897.	60,000ᶠ00			60,000ᶠ	
		Du 30 novembre 1898.					
32		Percepteurs, L/C de restes à recouvrer sur l'exercice 1895 : A Fonds particuliers. . . . . . . 1,000ᶠ Reçu de moi-même pour transporter au 1ᵉʳ compte les restes sur contributions exercice 1896 versés ce jour suivant récépissé n°............	1,000 00				
		Du 3 décembre 1898.					
33		Fonds particuliers : A Caisse. . . . . 100ᶠ Mon retrait de ce jour pour recouvrements opérés sur contributions 1896.	100 00		100ᶠ		
		A reporter					

NUMÉROS.	FOLIOS.	DATE ET NATURE DES OPÉRATIONS. 3	MONTANT des OPÉRATIONS	CAISSE.		PIÈCES de dépenses.	
				DÉBIT.	CRÉDIT.	DÉBIT.	CRÉDIT.
1	2	*Du 10 janvier 1898.*	4	5	6	7	8
		Report . . . :					
34		Recette particulière, S/C de recouvrements journaliers aux suivants : Fr.					
		Transp. des recettes à récépissés.					
		Contributions directes.					
		Biens de mainmorte. . . . . ÷ . .					
		Poids et mesures.					
		Contributions sur chev. et voitures, taxes sur les vélocip. et billards.					
		Taxe sur les cercles.					
		Taxe militaire					
		Taxe des brevets d'invention. . .					
		Reversements de fonds sur les dépenses des ministères.					
		Produits des amendes.					
		Retenues pour pensions civiles. .					
		Versements des officiers remontés à titre onéreux.					
		Fonds de concours pour des dépenses d'intérêt public					
		Produits éventuels départementaux.					
		Communes et établissements, L/C de fonds placés avec intérêts. .					
		Caisse des dépôts et consignations.					
		Recouvr. en vertu de contraintes.					
		Excéd. de versem. sur contribut.					
		Droits de permis de chasse. . . .					
		Cotisations municipales et particul.					
		Poursuites pour contributions. . .					
		Poursuites pour amendes					
		Restes à recouvrer sur contributions exércice 1896.					
		Versem. des recev. de l'enregistrement.					
		Versem. des recev. des douanes.					
		Versem. des recev. des contrib. indirectes.					
		Versem. des recev. des postes . .					
		Percepteurs, L/C d'envois de fonds.					
		Caisse des retraites pour la vieillesse, S/C de versem. des intermédiaires					
		Divers, L/C de rentes 3 °/₀ amortissables en dépôt					
		Facultés, L/C de produits à classer.					
		Divers, L/C d'obligations provisoires libérées de l'emprunt de l'Annam et du Tonkin en dépôt.					
		A reporter.					

NUMÉROS.	FOLIOS.	DATE ET NATURE DES OPÉRATIONS.	MONTANT des OPÉRATIONS	CAISSE.		PIÈCES de dépenses.	
		3		DÉBIT.	CRÉDIT.	DÉBIT.	CRÉDIT.
1	2	*Du 10 janvier 1898.*	4	5	6	7	8
		Report					
35		Les suivants à M. X..., trésorier général, S/CC^t :					
		Fr.					
		Transp. des recouvr. de la dizaine.					
		Contributions directes.					
		Biens de mainmorte.					
		Poids et mesures.					
		Contributions sur chev. et voitures, taxes sur les vélocip. et billards.					
		Taxe sur les cercles					
		Taxe militaire					
		Taxe des brevets d'invention. . .					
		Reversements de fonds sur les dépenses des ministères.					
		Produits des amendes.					
		Retenues pour pensions civiles . .					
		Versements des officiers remontés à titre onéreux.					
		Fonds de concours pour dépenses d'intérêt public					
		Produits évent. départementaux. .					
		Communes et établissem., L/C de fonds placés avec intérêts. . .					
		Caisse des dép. et consignations.					
		Recouvr. en vertu de contraintes.					
		Excédents de versem. sur contrib.					
		Droits de permis de chasse. . . .					
		Cotisations munic. et particulières.					
		Poursuites pour contributions. . .					
		Poursuites pour amendes.					
		Restes à recouv. sur contrib. 1896.					
		Versem. des recev. de l'enregistr.					
		Versem. des recev. des douanes. .					
		Versem. des recev. des contr. ind.					
		Versem. des recev. des postes. .					
		Caisse des retr. pour la vieillesse, S/C de versement des interméd.					
		Divers, L/C de valeurs remises à l'encaissement.					
		Facultés, L/C de produits à classer.					
		—— 10 ——					
36		M. X..., trésorier général, S/C courant, aux suivants . . . . Fr. 500,000^f	500,000^f				
		Envoi de numéraire. . . . . . . 150,500^f			150,500^f		
		Envoi de valeurs représentatives. 3,500					
		Envoi de pièces de dépenses . . . 346,000					346,000^f
		Égal. . . . . 500,000^f					
		A reporter					

NUMÉROS.	FOLIOS.	DATE ET NATURE DES OPÉRATIONS.	MONTANT des OPÉRATIONS	CAISSE.		PIÈCES de dépenses.	
				DÉBIT.	CRÉDIT.	DÉBIT.	CRÉDIT.
1	2	3	4	5	6	7	8
		Du					
		Entrée de gestion de receveur particulier. *Gestion de M. X...*					
1		Les suivants à M. X..., trésorier général, S/CCt . . . . . . Fr. 100,000^f					
		Pour la remise qui m'est faite du numéraire et des valeurs trouvées dans la caisse et le portefeuille de mon prédécesseur. .					
		Caisse. 50,000					
		Reçu en numéraire.					
		Traites de douanes 50,000					
		Reçu en traites de douanes.	100,000^f				
2		*Du*					
		Les suivants aux suivants. . Fr. 300,000^f	600,000				
		Bordereaux de titres de val. franç. 25,000					
		Titres du Crédit foncier, etc. . . . 100,000					
		Bordereaux de ventes de rentes. . 3,500					
		Titres de rentes achetés, remis par le trésor. général, etc., etc., etc. 171,500					
		A					
		Divers, L/C de ventes de rentes. . 3,500					
		Div., L/C de titres de rentes achetés. 171,500					
		Trésorerie générale, S/C de titres du Crédit foncier et autres valeurs achetées, etc., etc., etc. . . . 125,000					
3		*Du*					
		Percepteurs, L/C restes à recouvrer 189 à M. X..., receveur des finances, mon prédécesseur . . 150^f	150				
		Pour le solde des contributions de 189 restant à recouvrer. *c*					
4		*Du*					
		Les suivants à eux-mêmes. Fr. 1,000,000^f	1,000,000				
		Pour le montant des débits et des crédits ci-après désignés à leurs comptes respectifs :					
		Contributions directes. 400,000					
		Mainmorte. 10,000					
		Poids et mesures. 5,000					
		Chevaux et voitures. 19,000					
		Pensions civiles. 30,000					
		Produits éventuels 36,000					
		Etc., etc.					
		Total.					

ARTICLES SPÉCIAUX

A PASSER

PAR LES RECEVEURS PARTICULIERS DES FINANCES

En raison de l'application de la loi prorogeant le privilège de la Banque de France, qui assure le concours de la Banque au paiement des rentes, à l'émission des valeurs du Trésor et, enfin, au mouvement de fonds des comptables.

(Circulaire Direction du mouvement général des fonds et comptabilité publique, n°ˢ 488, 1722 et 854 du 31 décembre 1897.)

NUMÉROS.	FOLIOS.	DATE ET NATURE DES OPÉRATIONS.	MONTANT des OPÉRATIONS	CAISSE.		PIÈCES de dépenses.	
		a *Du* ____ 189 . ____		DÉBIT.	CRÉDIT.	DÉBIT.	CRÉDIT.
1	2		4	5	6	7	8
		1° Placements en bons du Trésor reçus par la Banque.					
		(Lors de la réception de la demande de bons accompagnée de la déclaration souscrite par la Banque.)					
1		M. X..., trésorier général, S/C courant. A divers, L/C de placements en bons du Trésor.	150,000ᶠ				
		(Lors de l'application au compte courant du trésorier général de la recette constatée ci-dessus.)					
2		Divers, L/C de placements en bons du Trésor. A M. X..., trésorier général, S/C courant . .	150,000				
		(Lors de la réception des bons du Trésor.)					
3		Bons du Trésor remis par le trésorier général à remises du trésorier général	150,000				
		(Pour application au compte courant du trésorier général de la recette constatée à l'article précédent.)					
4		Remises du trésorier général : A M. X..., trésorier général, S/C courant . .	150,000				
		(Lors de la remise à la Banque du bon du Trésor contre reçu provisoire.)					
5		Pièces de dépenses à bons du Trésor, remis par le trésorier général . :	150,000			150,000ᶠ	
		A reporter.					

NUMÉROS.	FOLIOS.	DATE ET NATURE DES OPÉRATIONS.	MONTANT des OPÉRATIONS	CAISSE.		PIÈCES de dépenses.	
1	2	3	4	DÉBIT. 5	CRÉDIT. 6	DÉBIT. 7	CRÉDIT. 8
		Du 189 .					
		Report.					
		(Envoi à la trésorerie générale des reconnaissances acquittées constatant la remise des bons aux ayants droit.)					
6		M. X..., trésorier général, S/C courant, à pièces de dépenses	150,000ᶠ				150,000ᶠ
		2° Versements effectués par une recette particulière.					
		(Au moment du versement des fonds.)					
1		M. X..., trésorier général, S/C courant, à Caisse. . . . . Fr.	355,000		355,000ᶠ		
		3° Versements effectués par un percepteur ou par un receveur de régie financière d'un arrondissement de sous-préfecture.					
		(Lors de la réception du duplicata du reçu de la Banque.)					
1		M. X..., trésorier général, S/C courant à recette particulière, S/C de recouvrements journaliers.	15,500				
		4° Prélèvements effectués par une recette des finances.					
		(Lors de la réception du reçu provisoire de virement.)					
1		Reçus provisoires de virement sur la Banque remis par le trésorier général à remises du trésorier général.	500,000				
		(Au moment du retrait.)					
2		Caisse. A reçus provisoires de virement sur la Banque, remis par le trésorier général . . .	500,000	500,000ᶠ			
		5° Prélèvements effectués par un percepteur d'un arrondissement de sous-préfecture.					
		(Lors de la réception de l'avis envoyé par le trésorier général.)					
1		Percepteurs, L/C fonds de subvention pour le service du Trésor, à remises du trésorier général	10,500				
		A reporter					

NUMÉROS.	FOLIOS.	DATE ET NATURE DES OPÉRATIONS. 3 Du .... 189 .	MONTANT des OPÉRATIONS	CAISSE.		PIÈCES de dépenses.	
1	2		4	DÉBIT. 5	CRÉDIT. 6	DÉBIT. 7	CRÉDIT. 8
		Report.					
2		*(En fin de dizaine.)* Remises du trésorier général à M. X..., trésorier général, S/CC^t.	10,500^f00				
		6° **Recouvrements au moyen de mandats.** **Mandats émis par un receveur particulier.** *(Au moment de l'émission du mandat.)*					
1		M. X..., trésorier général, S/C courant à divers comptables du département, L/C de mandats du trésorier général	175 57				
2		*(En fin de dizaine.)* Divers comptables du département, L/C de mandats du trésorier général, à M. X..., trésorier général, S/C courant.	175 57				
3		*(Lors de la réception du mandat acquitté.)* Pièces de dépenses à recette particulière, S/C de recouvrements journaliers	175 57			175^f57	
4		*(Lors de l'envoi des pièces de dépenses.)* M. X..., trésorier général, S/C courant à pièces de dépenses	175 57				175^f57
		- TOTAL.					

TABLE DES MATIÈRES

3ᵉ PARTIE

REMISES DE SERVICE, INSTALLATIONS

PIÈCES A FOURNIR PAR LES RECEVEURS DES FINANCES

DOCUMENTS A ÉTABLIR PAR LES RECEVEURS DES FINANCES

Documents a remettre aux Receveurs des finances

4ᵉ PARTIE

Documents a adresser aux Receveurs des finances

5e PARTIE

Documents a adresser directement au Trésorier général

6e PARTIE

Modèles des principaux articles a passer par les Receveurs des finances